SIEGFRIED HAEGER · DER FILM ALS GESAMTWERK

Schriftenreihe der UFITA Heft 9

Archiv für Urheber-, Film-, Funk- und Theaterrecht

Herausgegeben von Dr. jur. Georg Roeber, München

Siegfried Haeger, München

DER FILM ALS GESAMTWERK

Ein Beitrag zur Reform des Urheberrechts

VERLAG FÜR ANGEWANDTE WISSENSCHAFTEN
BADEN-BADEN 1958

Abkürzungen

BBl	Börsenblatt für den deutschen Buchhandel (Frankfurter Ausgabe)
BGH	Bundesgerichtshof
BÜ	Berner Übereinkunft zum Schutze von Werken der Literatur und Kunst (Fassung von 1886)
Entw. 32	Entwurf des Reichsjustizministeriums für ein Gesetz über das Urheberrecht an Werken der Literatur, der Kunst und der Photographie mit Begründung. Berlin 1932
Entw. 33	Hoffmann: Ein deutsches Urheberrechtsgesetz. Entwurf eines Gesetzes über das Urheberrecht mit Begründung. Berlin 1933
Entw. 39	Entwurf eines Urheberrechtsgesetzes des Fachausschusses für Urheber- und Verlagsrecht der Deutschen Arbeitsgemeinschaft für gewerblichen Rechtsschutz und Urheberrecht. Abgedruckt in GRUR 1933, 242 ff.
GRUR	Gewerblicher Rechtsschutz und Urheberrecht
JR	Juristische Rundschau
JW	Juristische Wochenschrift
KG	Kammergericht
KUG	Gesetz, betreffend das Urheberrecht an Werken der bildenden Künste und der Photographie
LUG	Gesetz, betreffend das Urheberrecht an Werken der Literatur und der Tonkunst
NJW	Neue Juristische Wochenschrift
OLG	Oberlandesgericht
RBÜ	Revidierte Berner Übereinkunft (Berlin 1908; Rom 1928; Brüssel 1948)
Ref.-Entw. 54	Referentenentwürfe für Urheberrechtsgesetze. Bonn 1954
RG	Reichsgericht
Ufita	Archiv für Urheber-, Film-, Funk- und Theaterrecht
ZAKdR	Zeitschrift der Akademie für deutsches Recht

Druck: Bintz- und Dohany-Druck, Offenbach/Main.

Inhaltsverzeichnis

Vorwort

Die Rechtslehre geht bei der Betrachtung des Films zum Teil noch heute von den Gegebenheiten aus, die um die Jahrhundertwende für die Kinematographie und für das Urheberrecht zutrafen. Dabei hat der Film in den sechs Jahrzehnten seines Daseins eine Entwicklung durchgemacht, zu der andere Künste Jahrhunderte benötigten. Da diese Künste althergebracht sind und höchste Vollkommenheit und Reife erreicht haben, können sie mit Fug und Recht als klassische Künste bezeichnet werden. Auf diese Künste ist das geltende Urheberrecht zugeschnitten. Der Gesetzgeber der Jahrhundertwende hatte dieser Entwicklung gebührend Rechnung getragen und den Kunstgattungen die ihnen angemessenen Rechtsnormen zugeordnet.

Diese für eine abgeschlossene Kunstentwicklung vorgesehenen Rechtsnormen konnten naturgemäß nicht ohne weiteres für ein Phänomen gelten, das, neuartige Ausdrucks- und Formgebungsmittel verwendend, in seiner Wirkungsweise die klassischen Künste auf den zweiten Platz verwies.

Wenn man dem Film auch in der Rechtslehre Gerechtigkeit widerfahren lassen will, muß man ihn in seine Grundelemente zerlegen und diese mit denen der klassischen Kunstgattungen vergleichen. Zeigt das Ergebnis, daß die Grundelemente wesensgleich sind, bestehen keine Bedenken, den Film auch den Rechtssätzen der klassischen Künste unterzuordnen. Ergibt sich aber, daß die Ausdrucks- und Formgebungsmittel und die Form selbst von denen der klassischen Künste wesensverschieden sind, so muß man nach Rechtsnormen suchen, die seiner Ausdrucksweise und seiner Form gerecht werden.

Einen solchen Vergleich analytisch durchzuführen, wäre die Aufgabe eines Kunstkenners von hohen Graden. Es liegt aber schon eine große Anzahl filmwissenschaftlicher Arbeiten vor, so daß man aus ihnen Anhaltspunkte und Maßstäbe für eine vergleichende Betrachtung der Grundelemente gewinnen kann. Da die Rechtslehre bei der Einordnung des

Films bisher aber immer noch von den für die klassischen Künste geltenden Grundauffassungen und Bestimmungen des Urheberrechts ausgegangen ist, soll im folgenden der Versuch unternommen werden, die Erkenntnisse der Filmwissenschaft, soweit sie rechtlich relevant sind, herauszustellen, um damit eine neue rechtliche Betrachtungsweise anzuregen und dem Film die rechtliche Stellung einzuräumen, die er nach seinem Wesen, seiner Entwicklung und seiner heutigen Stellung verdient. Das Ergebnis kann aber nur dann zu einer Fortbildung des Urheberrechts führen, wenn gleichzeitig auch die neuen Formen eines urheberrechtlichen Werkschaffens in Gestalt von Hörwerken und Fernsehwerken mitberücksichtigt werden, da diese ebensowenig wie das Filmwerkschaffen mit Begriffen des geltenden Urheberrechts erfaßt werden können.

Filmwerke, Hörwerke und Fernsehwerke gruppieren sich um den gemeinsamen Begriff des Gesamtwerkes und des Gesamturhebers, die Werkformen der klassischen Künste dagegen um den Begriff der Einzelschöpfung und des Einzelurhebers. Gesamtwerk und Gesamturheber lassen sich auch nicht mit den Denk- und Rechtsformen der Miturheberschaft erklären und meistern. Miturheberschaft liegt noch ganz auf der Ebene der individuellen Schöpfung und gehört zu den klassischen Formen des urheberrechtlichen Werkschaffens, die dadurch gekennzeichnet sind, daß es einem Einzelnen oder mehreren Einzelnen in gegenseitigem und artgleichen Zusammenwirken (Miturheberschaft) möglich ist, ein Werk ganz aus sich heraus zu schaffen, während Filmwerke, Hörwerke und Fernsehwerke spezifische Werkformen eines überindividuellen Schaffens sind.

Die Urheber im Sinne des geltenden Rechts, die zu den Filmwerken, Hörwerken und Fernsehwerken nur Beiträge leisten, verlieren nichts, was sie nicht schon im Wege der freien und zweckbezogenen Vereinbarung mit den Herstellern dieser Werke aufgegeben haben. Auf der anderen Seite können Gesamtwerk und Gesamturheber den gebotenen Rechtsschutz erhalten.

München, im Mai 1958 *Siegfried Haeger*

Einleitung

Anläßlich der gegenwärtigen Urheberrechtsreform ist der Streit um den Rechtscharakter der Filmwerke und um die Filmurheberschaft von neuem entbrannt. Obwohl die Probleme seit fast 40 Jahren bekannt sind, läßt sich noch keine Annäherung im Widerstreit der Meinungen feststellen, und so hat es nach vierjähriger neuer Diskussion den Anschein, als ob die Fronten verhärteter sind als je zuvor und die Lösung der Probleme in noch weitere Ferne gerückt ist.

Der Film ist nun etwa 60 Jahre alt, und viele Rufer im Streit haben seine Entwicklung zum größten Teil selbst miterlebt. Man sollte meinen, daß dieses Miterleben auch dazu beigetragen hätte, das Wesen des Filmes als einer neuen Kunstform zu erkennen und daraus die notwendigen rechtlichen Folgerungen zu ziehen. *Béla Balács* [1]) beklagt mit Recht, daß die Ästheten, Kunsthistoriker und Psychologen es verabsäumt hätten, eine neue Kunst und ihre Ausdrucksformen zu beobachten. Der Film sei die einzige Kunst, die in unserem Zeitalter, in unserer Gesellschaftsordnung geboren wurde, deren materielle und geistige Vorbedingungen wir daher alle kennen. Bei Durchsicht der Rechtsliteratur und Prüfung der divergierenden Theorien kann man sich des Eindrucks nicht erwehren, daß sich auch Lehre und Rechtsprechung nicht oder nur unzulänglich mit dem Film beschäftigt haben. Sonst würde man in den rechtstheoretischen Diskussionen wohl auch gelegentlich eine tiefergehende Erkenntnis des Filmes und seines Wesens feststellen können. Man vermißt auch Hinweise auf bedeutungsvolle Filme, die Anlaß zu Diskussionen auch um rechtliche Probleme hätten geben können. Die Rechtsliteratur lebt bisher nur von der Theorie und vom Dogma, vom System und von der Methode.

Während in der früheren Rechtsliteratur Zitate namhafter Filmtheoretiker und Filmpraktiker überhaupt fehlen, werden im neueren Schrifttum gelegentlich *Liebeneiner* und *Iros* genannt, aber auch nur, um bestimmte Theorien von Kennern der Filmpraxis untermauern zu lassen. Andererseits können Lehre und Rechtsprechung auch nicht allein von der Theorie her zur richtigen Erkenntnis vom

1) **Béla Balács:** Der Film — Wesen und Werden einer neuen Kunst. Wien 1949.

Wesen des Films kommen. Es gehört nicht nur eine gewisse Kenntnis des Filmschaffens, sondern auch eine intensive Beschäftigung mit den Problemen der Filmgestaltung dazu. Literatur, bildende Kunst, Baukunst und Musik sind seit erdenklichen Zeiten Gegenstand des Schulunterrichts. Der Film dagegen hat erst seit etwa 25 Jahren — aber auch nur als sachbezogener Unterrichtsfilm — Eingang in die Schule gefunden. Gewisse Bestrebungen, nun auch den Film als neue Kunstform in den Unterricht mit einzubeziehen, werden wohl noch lange auf eine Verwirklichung warten müssen.

Während der Film bereits im geisteswissenschaftlichen Bereich verschiedener Universitäten des Auslandes Stellung bezogen hat, zeigen sich entsprechende Bemühungen in Deutschland an den Universitäten Berlin, Hamburg, München und Münster in den Disziplinen der Publizistik, der Theater- und Zeitungswissenschaft. Wohlfundierte Veröffentlichungen von Filmschaffenden und wissenschaftliche Untersuchungen dieser Universitäten liefern bereits wertvolle Materialien zur Erkenntnis vom Wesen des Filmes.

Welche weiten Beziehungen der Film zu allen Gebieten des täglichen Lebens hat, hebt *Wölker*[2]) in seiner sehr interessanten psychologischen Untersuchung hervor:

> „Der Film ist nicht allein ein psychologisches Faktum. Die Forschung über ihn geht deshalb nicht nur die Psychologie an. Soweit er eine Technik ist, sind seine Grundlagen ein Gegenstand der Chemie und Physik, in seiner Einwirkung auf das somatische Sein des Menschen erforscht ihn Physiologie und Medizin, als Kulturinstrument bildet er ein Problem der Kulturphilosophie, der Geschichte und der Soziologie, als Kunstwerk sieht ihn Ästhetik und Kunstwissenschaft, als wirtschaftliches Faktum behandelt ihn die Nationalökonomie, als Träger von Rechtsverbindlichkeiten die Jurisprudenz, als mögliche Verbrechensquelle taucht er in der Kriminologie auf, als Unterrichts-, Erziehungs- oder auch Verführungsmittel bildet er einen Gegenstand der Pädagogik und der Moraltheologie."

So gilt es also, Versäumtes für die Kunstbetrachtung nachzuholen und hieraus die notwendigen Folgerungen für die rechtliche Behandlung des Filmes zu ziehen. Die folgende Untersuchung setzt es sich zum Ziel, die Ursachen der rechtlichen Fehlentwicklung aufzuzeigen und durch Vergleich der klassischen Kunstgattungen mit dem Film die Unterschiede herauszustellen. Grundlegende Erkenntnisse namhafter Filmwissenschaftler, Filmtheoretiker und Filmschaffender sollen, soweit sie rechtlich relevant sind, zu einer Revision der Rechtsstandpunkte anregen. Hierbei muß auch das Filmwerkschaffen selbst auf rechtlich bedeutungsvolle Vorgänge hin betrachtet werden. Eine kritische Stellungnahme zu der bisherigen

---

[2]) Wölker, Herbert, Das Problem der Filmwirkung, Bonn 1955, S. 2.

Lehre und Rechtsprechung, verbunden mit der Klarstellung filmtechnischer Vorgänge, soll den Weg zu einer natürlichen Weiterentwicklung des Werkschaffens und zu einem natürlichen Filmrecht aufzeigen.

I. Von der Kinematographie zum Film

1. Schon bald nach seiner Geburt im Jahre 1895 wurde der Film als schutzfähiges Werk anerkannt. Dies geschah bei der Revision der BÜ von 1908 durch Aufnahme des Art. 14, wonach den Urhebern an Werken der Literatur, Wissenschaft und Kunst das ausschließliche Recht zugestanden wurde, die Wiedergabe und öffentliche Aufführung ihrer Werke durch die Kinematographie zu gestatten. Das selbständige kinematographische Erzeugnis erhielt den gleichen Schutz wie Werke der Literatur oder Kunst, sofern der Urheber durch die Anordnung des Bühnenvorganges oder die Verbindung der darzustellenden Begebenheiten dem Werk die Eigenschaft eines persönlichen Originalwerkes gegeben hatte. Durch die Novelle vom 22. Mai 1910 wurde Art. 14 RBÜ in § 12 II,6 LUG und § 15a KUG übernommen.

Damit hatte der Film auch Eingang in das deutsche Urheberrecht gefunden. Er wurde als eigentümliche Schöpfung anerkannt. Zugleich aber wurde damit die Ursache für Streitfragen gesetzt, die bis heute noch keine allseitig anerkannte Lösung gefunden haben, weder in Deutschland noch im Ausland. Es sind dies die Fragen nach dem Rechtscharakter und der Urheberschaft eines Filmes. Wenn diese Probleme anfangs rechtlich noch nicht befriedigend gelöst werden konnten, so ist das nicht weiter verwunderlich. Zur Zeit der RBÜ von 1908 war die Kinematographie etwa 13 Jahre bekannt. Der „Spielfilm“ dagegen hatte zu dieser Zeit ein Kindesalter von etwa 5 Jahren. Die Verwendung literarischer Stoffe für die Kinematographie hatte aber dazu ausgereicht, die Autoren auf den Plan zu rufen, um ihre Ansprüche anzumelden. Sie erhielten ein ausschließliches Nutzungsrecht zur Verwendung ihrer Werke durch die Kinematographie. Damit war die Streitfrage entschieden worden, ob es zulässig sei, literarische Stoffe durch die Kinematographie ohne Zustimmung der Urheber darzustellen.

Die in der RBÜ zu Art. 14 gewählte Formulierung gibt die damals gebräuchliche Terminologie wieder: „Wiedergabe des Werkes durch die Kinematographie“. Reichlich antiquiert erscheint uns heute auch der inhaltliche Hinweis: „die Anordnung des Bühnenvorganges oder die Verbindung der darzustellenden Begebenheiten“. Um diese Formulierungen und die seit damals eingetretene Entwicklung des Filmes richtig zu verstehen, muß man die ersten Anfänge der Kinematographie etwas näher betrachten. Die ersten Filme gaben photographierte und reproduzierte Bewegungen wieder. Der Kinematograph war ein Bewegungsschreiber, ein Aufzeichner von Bewegungen. Die Motive für die Bewegung boten sich im täglichen Leben, auf der Straße, auf den Bühnen der Theater und der Variétés usw. an. Die Filmstreifen hatten eine Länge von 5 bis 10 Metern und wurden auf Jahrmärkten und Rummelplätzen von reisenden Schaustellern gezeigt. 1900 gab es in Deutschland nur zwei feste Lichtspielhäuser, in Hamburg und Würzburg. Das Publikum wurde bald anspruchsvoller, und so mußten die Filmhersteller nach Begebenheiten und Geschichten suchen, die das Interesse des Publikums wachhielten. So wurde etwa 1903 der Spielfilm geboren, der anfangs eine Länge von etwa 50 m, 1907 aber bereits eine durchschnittliche Länge von 500 m hatte. Erläuternde Zwischentitel gab es erst 1907. Bis dahin wurde der Streifen von einem Erklärer erläutert und durch einen Klavierspieler mehr oder weniger phantasievoll musikalisch illustriert. Während der Erklärer später verschwand, blieb die Begleitmusik erhalten. Über ihre Entwicklung und Bedeutung für den Film wird später noch zu sprechen sein.

Dem Zuge der Zeit folgend, nahm sich die aufstrebende Industrie der Kinematographie an. Hierüber berichtet *Béla Balács* folgendes:

> „Die neue Erfindung wurde alsbald zur großindustriellen Verwertung der Bühnenkunst verwendet. Mit Hilfe der Filmkamera ersetzte man die unmittelbare körperliche — wenn man so sagen darf: die handwerkliche Produktion der Schauspieler (also gleichsam die Erzeugnisse einer Manufaktur) durch einen Artikel, der bei maschineller, fabrikmäßiger Erzeugung unbegrenzt vervielfältigt werden und daher billig vertrieben werden konnte. Den ersten großen allgemeinen Vertrag in diesem Industriezweig schloß die Firma Pathé-Frères mit der Société des Auteurs Dramatiques zu dem Zweck, Theateraufführungen zu fotografieren und auf diesem Wege zu verbreiten."

Diese erste Entwicklungsstufe, die zur RBÜ führte, zeigt, daß die Kinematographie als ein neues Mittel der Wiedergabe vornehmlich für Werke der Literatur galt. Etwas Geschriebenes, Gedichtetes wurde in Darstellung und Bewegung aufgelöst und photographiert. Die Wiedergabe der photographierten Bewegung durch die Projektion ergab das „lebende Bild". Infolgedessen wurde die Kinematographie urheberrechtlich als Form der Darstellung von Schriftwerken mit anderen Mitteln angesehen. Diese Verbindung lag nahe, weil Bühnenvorgänge und Stoffe der Weltliteratur oft den Vorwurf zu kinematographischen Werken gaben. Die Kinematographie war ja noch ein Baby, das sich erst im Laufe der Zeit zu einem Film entwickelte. Diese erste Stufe der Entwicklung hat — urheberrechtlich gesehen — die Wurzel zu der Beurteilung gelegt, daß die Filme rechtlich wie sonstige Schriftwerke zu behandeln seien, und daß die

Herstellung auch heute noch als Fixierung einer Bühnenaufführung angesehen wird. Der häufige, aber unzutreffende Vergleich mit dem Bühnenstück, der Oper und Operette findet seine Wurzel in der Formulierung der RBÜ von 1908. Wenn das anfängliche Bemühen um die Einordnung der kinematographischen Werke zu diesem Ergebnis führte, so ist das aus der Entwicklung heraus verständlich.

2. Während der Spielfilm schon in den ersten Jahren einen technischen, organisatorischen und wirtschaftlichen Aufstieg nahm, blieb er künstlerisch im Jahrmarktsniveau stecken. Erst mit dem 1913 hergestellten Film „Der Student von Prag“ begann in Deutschland die Wende zu künstlerischen Formen, zu einer filmgerechten Darstellung. Die bis dahin im Film geübte übertriebene Art der Gestik und Mimik wurde der Natürlichkeit des wirklichen Lebens angepaßt. Es ist mit das Verdienst *Paul Wegeners,* der mit dem Studenten von Prag und späteren Filmen eine natürliche Darstellung des Geschehens herbeiführte, daß der Film langsam auf eine künstlerische Ebene emporwuchs. Für die künstlerische Entwicklung des Filmes leistete besonders der Amerikaner *David Griffiths* eine bemerkenswerte Pionierarbeit. In der Folgezeit, insbesondere während und nach dem ersten Weltkrieg, entwickelten sich Gesetze zu einer filmischen Gestaltung. Die psychologische Führung der Zuschauer erfolgt durch sorgfältige Bildarbeit und Gestaltung einzelner Szenen, also durch Auswahl, Ausschnitt, Komposition, Vergrößerung oder Verkleinerung der wesentlichen Dinge. Szenische Übergänge verbinden Raum und Zeit. Die Kamera, ursprünglich starr und feststehend, wird beweglich. Panoramaschwenks, Fahraufnahmen, der Einstellungswechsel von der Totalen zur Halbtotalen, Halbnah-, Nah- und Großaufnahme geben dem Regisseur Mittel zur psychologischen Führung des Zuschauers. Die Entwicklung der Beleuchtungstechnik läßt die Lichtführung als filmisches Mittel besonders hervortreten. Die Schnittechnik und Montage der Bilder vervollständigen die Mittel der Gestaltung und die filmischen Gesetze des Stummfilmes. Mitte der zwanziger Jahre erreichte der Film in der Stoffgestaltung, Menschendarstellung und Technik der Aufnahme und Wiedergabe eine Kunstform, die anderen Kunstgattungen mit vielhundertjähriger Entwicklung ebenbürtig ist. Als Titel seien nur die bedeutendsten Filme dieser Zeit genannt: *Das Cabinett des Dr. Caligari* (1919), *Dr. Mabuse* (1922), *Die Nibelungen* (1923), *Die Straße* (1923), *Wachsfigurenkabinett* (1924), *Der letzte Mann* (1924), *Die freudlose Gasse* (1925), *Metropolis* (1926), *Faust* (1926).

Zu dieser Blütezeit des stummen Filmes war nur eine erstaunlich kurze Entwicklungsdauer von etwa 20 Jahren erforderlich. Er hatte sich unter Filmschaffenden und beim Publikum die Anerkennung als Kunstwerk erobert. *René Clair* [3]) berichtet über die Zeit von 1923 bis 1927:

„Damals begannen Schriftsteller und Künstler den Film für sich zu entdecken, und ich legte einigen der bedeutendsten von ihnen die Frage vor, welche Art Filme sie bevorzugten, und was für Filme ihrer Meinung nach gedreht werden sollten. Die Antworten auf diese ernstgemeinten, heute naiv klingenden Fragen geben eine ziemlich genaue Vorstellung, wie man damals über die siebente Kunst dachte. Zum Beispiel:

Jean Cocteau: „Der Film steckt in einem Engpaß. Schon am ersten Tag, als noch die Erfindung blendete, griff der Irrtum um sich: man fotografierte Theater. Mit der Zeit ist daraus verfilmtes Theater geworden, aber nie echter Film. Fortschritte in dieser Richtung können nur verhängnisvoll sein."

Fernand Léger: „Für die Zukunft erhoffe ich einen Film mit eigenen Mitteln. Solange Literatur und Theater den Film beeinflussen und er mit Bühnenschauspielern arbeitet, taugt er nichts."

Paul Valéry: „Meines Erachtens müßte man zu dem ‚reinen' Film gelangen, nämlich zu einer von eigenen Mitteln ausgehenden Kunstform; und diese Kunstform sollte zu jenen anderen, die es mit dem Wort halten, Theater oder Roman, einen bewußten Gegensatz bilden."

Wie man sieht, stimmen alle diese Antworten nahezu überein. Der Film ist ein autonomes Ausdrucksmittel, das seine Zukunft in sich selbst trägt. Diese wenigen Zitate enthalten keine rein privaten Ansichten. Sie spiegeln vielmehr die zwischen 1918 und 1928 allgemein bekundeten Auffassungen wider, die sich nur dann extravagant anhören, wenn man jene Epoche fiebernden Interesses und größter Hoffnung für die Leinwand nicht selbst miterlebt hat."

Es ist erstaunlich, zu welchen noch heute geltenden Erkenntnissen Georg Otto *Stindt* [4]) schon in seiner im Jahre 1923 erschienenen Untersuchung: „Das Lichtspiel als Kunstform" gekommen ist. Im ersten Satz seines Vorwortes bemerkt er: „Der Film ist eine neue Kunstform. Das stand für mich von vornherein fest, aber daß diese Kunst so einzigartig und ohne Vergleiche sein soll, wie man immer wieder hören muß, wollte mir nicht einleuchten." Die von ihm aufgestellten Form- und Wirkungsgesetze der Filmkunst erprobte er an vielen hundert erfolgreichen Filmen der damaligen Zeit. Stindt weist auch schon auf den Unterschied von Stoff und Form in der Kunst hin, wenn er folgendes feststellt (aaO. S. 7): „Bei der erkenntnishaften Aufdeckung der Keimzelle des Films ist bisher nur von Einzelnen gefühlsmäßig erkannt worden, daß der Film eine neue

---

3) Clair, René, Vom stummen Film zum Tonfilm, München 1952, S 17.
4) Stindt, Georg Otto, Das Lichtspiel als Kunstform, Bremerhaven 1924.

Kunstform sein muß, weil jede Kunst nur Übersetzerin eines Stoffes in Form ist."

Die Frage nach dem Werkcharakter und der Urheberschaft blieb immer noch ungelöst. Der Film wurde trotz seiner eigenen Gestaltungsmittel und -formen urheberrechtlich weiterhin als Schriftwerk angesehen. Das KG (JW 1922, 1457) stellte fest, daß Filme rechtlich wie Schriftwerke zu behandeln seien, wobei es auf die Wahl der Ausdrucksmittel, ob Schrift, Zeichnung oder Fotografie, nicht ankomme. Das Reichsgericht war dagegen mit der rechtlichen Beurteilung des Filmes auf dem richtigen Wege, wenn es — ebenfalls im Jahre 1922 — in RGZ 107, 65 ff. feststellte: „Der Film hat seine eigenen Gesetze, die nicht bloß optischer Art sind." Es spricht von einer „Gestaltung des Filmes als eines Bildwerkes eigener Art" und fährt fort: „Was der Streifen enthält, ist aber nicht wie beim Buch allein das Geisteserzeugnis des Verfassers der Urschrift."

Während *Goldbaum*[5]) 1927 die Filme zu den Werken der Literatur im allgemeinen und zu den Schriftwerken im besonderen zählt, erkennen *Marwitz - Möhring*[6]) 1929 (aaO. S. 31 f), daß „die Ausdrucksmittel des Schriftwerkes und des Filmes und die künstlerischen Gesetze, unter denen sie entstehen, voneinander wesentlich verschieden sind. Die Tätigkeit des Filmherstellers, mag man darunter auch den Regisseur oder den Operateur oder irgendeine andere Person verstehen, muß nach den der Filmkunst innewohnenden Gesetzen von Form und Inhalt des Schriftwerkes bewußt abweichen". Trotz dieser im Ergebnis richtigen Erkenntnis sehen sie als „Urheber eines Filmes den Verfasser des Drehbuches und, soweit er über das Drehbuch hinaus diese Tätigkeit entwickelt, den Regisseur an." Marwitz-Möhring widersprechen sich aber, wenn sie drei Sätze später folgendes feststellen: „Der Bühnendichter gibt dem Werke bereits die nach seiner Ansicht angemessene Form; der Schriftsteller, dessen Werk verfilmt wird, folgt anderen künstlerischen Gesetzen; der Verfasser des Filmmanuskripts gibt nur eine Unterlage für die dem Film eigentümliche Form."

3. Nun setzte Ende der zwanziger Jahre eine weitere Entwicklung der Filmtechnik ein. Der Tonfilm wurde geboren. Zu dem optischen Gestaltungselement kam das akustische. Das Filmband erhielt zu dem Bildteil zusätzlich den Tonteil. In Fragen der Tonfilmgestaltung herrschte in den ersten Jahren Unsicherheit bei Autoren, Regisseuren und Herstellern. Der Verwendung von Sprache, Geräuschen und der Musik wurde nunmehr der Vorrang gegenüber dem Bildteil ein-

---

5) Goldbaum, Wenzel, Urheber- und Urhebervertragsrecht, Berlin 1927, S. 217.
6) Marwitz-Möhring, Das Urheberrecht an Werken der Literatur und Tonkunst, Berlin 1929, S. 31 f.

geräumt. *Joseph Gregor* [7]) bemerkt 1932 hierzu: „Der Tonfilm ist heute dramaturgisch immer noch zuviel Imitation des Theaters, offenbar seiner Jugend wegen, wie es auch der Film selbst in seinen Anfängen war.“ Erst als man erkannte, daß dem Bildgeschehen auch im Tonfilm die tragende Rolle zukomme, entwickelten sich die Gesetze zur Tonfilmgestaltung. Die Unsicherheit der am Tonfilm maßgeblich beteiligten Kreise führte auch in der Lehre und Rechtsprechung zu einer Nomenklatur, die wir auch noch in der heutigen Rechtsliteratur wiederfinden, wie z. B. „Geräuschfilm“, „Sprech-Bildfilm“, „hundertprozentiger Tonfilm“, „Ton-Bildfilm,“ und „reiner Sprach- oder Musikfilm“. [8]) Wir stoßen auch noch auf den von Elster geprägten Ausdruck „Filmung“ in der Bedeutung von bewegter Wiedergabe von Vorgängen in der Natur und im Alltagsleben. [9]) „Filmung“ ist — worauf *Ulmer* mit Recht hinweist — ein Wort, das sich in der Filmpraxis nicht eingebürgert hat und auch anscheinend nur in der Rechtslehre gebraucht wird. Demgegenüber wird „Verfilmung“ im Sinne von Wiedergabe eines bestehenden Werkes der Literatur — und auch der Musik — mit einem anderen Ausdrucksmittel gebraucht. Man kann zwar einen Stoff verfilmen, aber keine Musik. Diese kann auf Filmband übertragen, aber nicht durch bewegte Bilder, also rein optisch, wiedergegeben werden. Es ist sprachlich und auch rechtlich verfehlt, von einer Verfilmung der Musik zu sprechen. An dieser Feststellung wird auch nichts durch die ausgezeichnete Leistung von *Jean Mitry* geändert, der den Filmen „Pacific 231“ und „Images pour Debussy“ die Musik von *Arthur Honnegger* zugrunde legte und ihr die Bilder zuordnete. Im ersten Film ist es die durchs Land rasende Lokomotive und im zweiten das Formenspiel der Wasserfläche. Nebenbei sei erwähnt, daß „Pacific 231“ ein Meisterbeispiel für Schnitt und Montage ist.

So stritt man in Verkennung des Wesens des Films darum, ob der Film eine Bearbeitung im Sinne von § 12 LUG, ob er eine freie Nachschöpfung im Sinne von § 13 LUG oder ein Originalwerk im Sinne von § 1 LUG sei. Weitere Streitfragen waren, ob der Tonfilm als Werk der Tonkunst dem LUG oder der Tonstreifen dem Instrumentenrecht (§§ 2/II, 12/II, 5 LUG), der Bildteil aber dem Verfilmungsrecht (§ 12/II 6 LUG) einzugliedern oder aber, ob auch der Tonfilm nur unter § 15a KUG falle. In diesem Widerstreit der

---

7) G r e g o r , Joseph, Das Zeitalter des Films, Wien—Leipzig 1932, S. 128.

8) R u n g e , Kurt, Urheber- und Verlagsrecht, Bonn 1948—1953, S. 262 f. K l e i n e , Heinz, in: Voigtländer-Elster-Kleine, Gesetz über das Urheberrecht, 4. Aufl. Berlin 1952, S. 20. B e r t h o l d - H a r t l i e b : Filmrecht, München — Berlin 1957.

9) R u n g e , aaO., S. 258; K l e i n e , aaO., S. 94; S u t e r m e i s t e r , Peter, Das Urheberrecht am Film, Basel 1955, S. 51; W e r h a h n Ufita Bd. 22 (1956) S. 54; S t r e i c h e r Otto, Grundfragen des Urheberrechts am Filmwerk, Zürich, 1950.

Meinungen hat Willy *Hoffmann* bereits in der frühesten Tonfilmzeit (JW 1928, 1188; 1929, 1179 ff.) darauf hingewiesen, daß der Film nicht nur künstlerisch, sondern auch rechtlich als Einheit angesehen werden müsse. Der Entwurf 32 zählte die Werke der Kinematographie noch zu den Werken der Literatur (§ 2 Abs. 1 Ziff. 4). In derselben Entwicklungslinie liegt es, wenn das RG im Jahre 1933 in der Tonfilmentscheidung zu dem Ergebnis kommt, daß die Vertonfilmung (!) eine Bearbeitung eigener Art sei und zwar die Bearbeitung eines Schriftwerkes und eines Werkes der Tonkunst. Folgerichtig gewährt das RG dem Komponisten ein besonderes Aufführungsrecht an der im Film verwendeten Musik. Nach dieser, aus der Entwicklung verständlichen, aber verhängnisvollen Aufspaltung des Tonfilmes in zwei selbständige Teile wird der Musik-Tonfilm der Oper und Operette gleichgestellt. Kraft dieser höchstrichterlichen Entscheidung, die vielfach mit guten Gründen abgelehnt wurde, wurde der Blick weiterhin für die Erkenntnis getrübt, daß der Film ein einheitliches Kunstwerk in bisher nicht gekannter Form ist.

Aus der ersten Tonfilmzeit der dreißiger Jahre seien nur einige der bedeutendsten Tonfilme genannt, die Meilensteine auf dem Weg zur Entwicklung der Kunstgattung Film darstellen: *Der blaue Engel* (1930), die *Dreigroschenoper* (1931), *M* (Mörder unter uns) (1931), *Der träumende Mund* (1932). Aus dem internationalen Tonfilmschaffen dieser Jahre ragen folgende klassische Werke der Filmkunst hervor, die ebenso wie die Dreigroschenoper noch heute nach 25 Jahren mit großem Erfolg vorgeführt werden: *Unter den Dächern von Paris* (Frankreich 1930), *Le sang d'un Poète,* (Frankreich 1931), die *Männer von Aran* (England 1934).

In den folgenden 20 Jahren hatte sich beim Streit um den Film insofern eine einhellige Meinung in der Rechtslehre, Rechtsprechung und auch in den Urheberrechtsentwürfen von 1939 und 1954 gebildet, als man den Film als ein Werk im Sinne des Urheberrechts ansah. Einzelfragen und die Kardinalfrage nach der Filmurheberschaft blieben weiterhin umstritten. Im Zuge der weiteren Urheberrechtsreform machte eine neue Filmtheorie von sich reden, die den Werkcharakter in Frage stellt, obwohl der Film auch bei der Revision der Berner Übereinkunft 1948 in Brüssel in den Katalog der zu schützenden Werke aufgenommen wurde. Diese Theorie, auf die später noch näher einzugehen ist, leugnet den Werkcharakter des Films und will dem Hersteller lediglich ein Leistungsschutzrecht geben, wie es der Schallplattenhersteller hat.

Zum Abschluß dieser kurzen Übersicht über die historische Entwicklung des Films und seiner rechtlichen Behandlung sollen nur einige Filme der letzten Jahre angeführt werden, die aus der Masse ob ihres besonderen Kunstwertes herausragen: *In jenen Tagen* (1947), *Liebe 47* (1949), *Nachtwache* (1949), *Himmel ohne Sterne* (1955), *Die Ratten* (1955), *Der Hauptmann von Köpenick* (1956). Aus der Auslandsproduktion seien genannt: *Die besten Jahre unseres Lebens* (USA 1946), *Die Fahrraddiebe* (Italien 1948), *Der dritte Mann* (England 1949), *Orphée* (Frankreich 1950), *Richard III.* (England 1955), *La Strada* (Italien 1955).

Die Anführung der Filmtitel in diesem Abschnitt erhebt keinen Anspruch auf Vollständigkeit; die Auswahl stellt auch keine Rangordnung oder Bewertung dar. Die genannten Filme sind nur einige typische Beispiele für das Wesen des Filmes als einer besonderen Kunstform.

II. Die klassischen Kunstgattungen

Nach diesem Überblick über die Entwicklung des Filmes und seine urheberrechtliche Behandlung ist es erforderlich, die Filmwerke als solche mit den herkömmlichen Werken der Literatur, der bildenden Kunst und auch der Tonkunst zu vergleichen.

1. Ein solcher Vergleich erfordert zunächst die Feststellung der den anerkannten Kunstgattungen gemeinsamen Merkmale, soweit sie rechtlich von Bedeutung sind. Im Mittelpunkt aller urheberrechtlichen Betrachtungen steht das Werk des Schöpfers. Für den Werkbegriff spielen hierbei Inhalt, Form und Formgebung eine entscheidende Rolle. *Elster* [10]) hat den Werkbegriff eingehend untersucht und findet als Merkmale eines schutzfähigen Werkes die Idee, die Form und das Ausdrucksmittel. Idee und Ausdrucksmittel ergeben durch die Formgebung das Werk. Dieser richtigen Definition folgt auch *Kleine* in der 4. Auflage des Elsterschen Kommentars, Seite 60 ff. Auch *Runge* schließt sich der Auffassung von Elster an (aaO. S. 18 ff.). Nach Runge ist die Idee die Verkörperung des wesentlichen Gedankeninhalts. In der Formgebung sieht Runge die Ausführung der Idee, und als Ausdrucksmittel bezeichnet er die auf bestimmte Art ausgedrückte Formgebung. Diese Merkmale und Definitionen erweisen sich in der Tat als brauchbare Grundlage für den Vergleich verschiedenartiger Kunstformen und Kunstgattungen. *Ulmer* [11]) dagegen sieht als Voraussetzung des Urheberschutzes nur die Individualität des Werkes an. Er spricht überhaupt nicht von Ausdrucksmitteln und setzt an die Stelle der Unterscheidung von Form und Inhalt die Unterscheidung zwischen den individuellen

---

10) Elster in: Voigtländer-Elster, Gesetz über das Urheberrecht, 3. Aufl., Berlin 1942, S. 19 ff.; ders. in Ufita, Bd. 2, S. 595.

11) Ulmer, Eugen, Urheber- und Verlagsrecht 1951, S. 76 ff.

Zügen des Werkes und des literarischen und künstlerischen Gemeingutes. Obwohl Ulmer bei der Individualitätsbestimmung den Schwerpunkt auf die Formgebung legt, kann man mit seiner Methode lediglich den Unterschied zwischen Werken und Gemeingut feststellen. Sie ist aber nicht geeignet, Werke verschiedenartiger Kunstformen miteinander zu vergleichen. Die Ulmersche Individualitätslehre muß also bei der folgenden Betrachtung unberücksichtigt bleiben, so daß allein Idee, Form und Ausdrucksmittel im Elsterschen Werksinne untersucht werden sollen.

Allerdings bedarf die Elstersche Werkanalyse noch einer Klarstellung, da er teilweise Form und Formgebung identifiziert und auch den Begriff Ausdrucksmittel nicht eindeutig festlegt. Elster erkennt richtig, daß die „Prägung, die Formgebung, die Gestaltung" das entscheidende Merkmal des Werkes ist, dem Idee und Ausdrucksmittel zugehören. Er gebraucht zutreffend Prägung, Formgebung und Gestaltung im gleichen Sinne und sieht daher in der „Gestaltung mit Willen und Können die Ausarbeitung zum Werk". Andererseits zerlegt auch er — Kohlers Lehre folgend — die Form in das Geisteswerk nach seinem Ideengehalt (innere Form) und nach seiner schöpferisch gegebenen Gestaltung (äußere Form), wie z. B. Musikstück, Gedicht, Roman usw. Diese Aufspaltung in die innere und äußere Form führt aber allzu leicht zu einer begrifflichen Verwirrung. Elster selbst fällt ihr zum Opfer, zumal er plötzlich auch dem Ausdrucksmittel eine andere Bedeutung gibt. Während er bei dem Laokoon-Beispiel Plastik, Material und Farbe als Ausdrucksmittel bezeichnet, sieht er in dem stillen Lesen eines Buches und in dem Rezitieren eine Veränderung des Ausdrucksmittels und das Verlassen der Form. Als ob Lesen und Rezitieren Ausdrucksmittel oder gar verschiedene Formen wären! Was Elster hier als Ausdrucksmittel ansieht, ist doch in Wirklichkeit eine Form des Werkgenusses, wie z. B. Lesen, Vortrag oder Aufführung bei literarischen Werken, Hören bei Werken der Tonkunst, Sehen oder Betrachten bei Werken der bildenden Kunst und Vorführen bei Werken der Filmkunst. Bei dem Werkgenuß liegt das Werk ja bereits in der aus Idee, Ausdrucksmittel und Gestaltung entstandenen Form vor. Die Form wird ja durch die Wiedergabe nicht mehr verändert, weder die innere noch die äußere Form. Es ist daher verfehlt, die Form in eine innere und äußere zu zerlegen. Als Form kann man immer nur etwas bezeichnen, was bereits seine Form angenommen hat, was in seiner Form erkennbar ist. Das ist aber immer nur die äußere Form. Unter Form verstehen wir also das Gedicht, die Erzählung, die Novelle, den Roman, das Bühnenstück, die Zeichnung, das Bild, das Gemälde, die Plastik, Fresken, das Bauwerk, das Lied, das Musikstück, die Oper und Operette, das Hörspiel, das Hörbild, das Fernsehspiel und auch den Film. Was Elster u. a. unter „innerer Form“ versteht, ist der geistige Gehalt, die Idee, der Inhalt oder die Aussage, denen der Schöpfer durch Ausdrucksmittel verschiedenster Art im Wege der Formgebung Ausdruck verleiht, bis die Form, die Werkform gefunden und vollendet ist.

Für die Werkanalyse im rechtlichen Sinne kann man also auf den Begriff der inneren Form verzichten, weil man mit der „Idee“ zu dem gleichen Ergebnis kommt. Die Beibehaltung des Begriffes der inneren Form führt leicht zu einer rechtlichen Überbewertung der Idee, der mit Elster auch Ulmer verfällt, wenn sie das Schwergewicht nicht auf die endgültige Form — ob Drama oder Film —, sondern auf die Gestaltung der Idee als solcher legen und äußerliche Unterscheidungsmerkmale ablehnen. Die Vertreter dieser Auffassung von der inneren Form verkennen, daß man dieselbe Idee in verschiedenen Formen gestalten kann. Die Mittel des Ausdrucks und die Formgebung lassen die (äußere) Form des Werkes entstehen, durch die der Schöpfer zu den Mitmenschen spricht. Es wird niemand auf den Gedanken kommen, schöpferischen Leistungen die Anerkennung zu versagen, weil sie dieselbe Idee zum Ausgangspunkt der Formgebung haben. Was Elster im Zusammenhang mit der inneren Form als Äußerlichkeiten ablehnt, — ob Drama oder Film —, erkennt er andererseits wieder an, wenn er auf Seite 24 aaO. unter Berufung auf das RG in GRUR 1928, 718 ff. sagt:

> „Die Kompilation, das Umgießen bekannten gesammelten Stoffes in eine neue Form, begründet in der Regel ein selbständiges Urheberrecht; denn ohne eine gewisse, wenn auch geringe geistige Arbeit sind selbst untergeordnete Kompilationen kaum möglich, und viele sind sogar höchst achtbare Arbeits- und Gedankenleistungen.“;
>
> oder:
>
> „Da anerkannt wird, daß geringe literarische Eigenschaften zur Schutzfähigkeit eines Schriftwerkes genügen, wenn nur in der Formgebung eine selbständige Geistestätigkeit hervortritt, so ist einer ganzen Reihe von auf der Grenze liegenden Erzeugnissen die Schutzberechtigung zugesprochen worden.“

Zur Werkanalyse von Elster ist also festzustellen, daß die von ihm gefundenen Unterscheidungsmerkmale im rechtlichen Sinne zutreffend und als Untersuchungsgrundlage geeignet sind, wenn man unter Form nur die äußere Form versteht.

2. Von der Idee her haben die Werke der Literatur, wie Roman und Bühnenstück — nur diese kommen für einen Vergleich mit dem Film in Betracht —, eine Handlung oder ein Geschehen

zum Gegenstand. Diese Idee bildet die geistige Grundlage, auf der sich der Gedankeninhalt aufbaut. Hierbei bedient sich der Schöpfer bestimmter Ausdrucksmittel. Bei der Dichtung sind dies die Sprache, das geschriebene oder gesprochene Wort. Mit der Sprache gibt er seinen Gedanken, Vorstellungen und Gefühlen Ausdruck. Er formt sie durch Worte und Sätze auf besondere Weise, bis sie die äußere Form einer Erzählung, Novelle, eines Romans oder eines Bühnenstückes annehmen. Aus der Idee geboren, entsteht durch das Ausdrucksmittel der Sprache und durch die in bestimmte Richtung gehende Formgebung das Werk. Das Werk des Dichters ist also ein Kunstwerk der Sprache. *Kutscher* [12]) sieht in der Sprache

> „das einzige Material, in dem der Dichter bildet. In der Literatur ist die Sprache selbstherrlich, schaffend aus Natur, höchster, letzter dichterischer Ausdruck und im Drama steht über ihren literarischen Eigenschaften noch ihr mimischer Charakter."

Zum gleichen Ergebnis kommt *Arnheim* [13]):

> „Die Literatur — Gedicht — Erzählung — Buchdrama — bietet uns Darstellungen der Welt, die ganz allein mit den Mitteln der Sprache geleistet werden. Dabei bietet die Sprache ein vollkommen zureichendes Material für die Kunst, die wir Literatur nennen."

Die gleiche Feststellung trifft auch *Groll* [14]), wenn er sagt:

> „Das Wesen der Literatur ist die Sprache. Sie ist ihr künstlerisches Material und einzige Ausdrucksmöglichkeit. Urelement der Sprache war Schrei und Ruf. Aus Klang wurde Begriff. Die Kunstsprache bennent, schildert, denkt und baut. Sie kann die Welt noch einmal erschaffen im Wort."

Die Werke der Literatur entstehen also aus der Idee, dem Stoff, der mit Ausdrucksmitteln des Wortes und der Sprache und durch Formgebung eine bestimmte Form erhält. Damit sind rechtlich alle Voraussetzungen für den Werkcharakter gegeben.

3. Die bildende Kunst geht ebenso wie die literarischen Werke von einer Idee aus. Die Vorstellung des Schöpfers findet ihren Ausdruck jedoch nicht in einem Handlungsablauf, sondern in einem Zustand, der zwar ein Ausschnitt aus einem Geschehen sein kann, aber immer nur statisch ist. „Die bildende Kunst muß sich", wie *Hagemann* [15]) feststellt, „darauf beschränken, den Höhepunkt oder den ‚fruchtbaren' Moment einer Bewegung widerzugeben oder Bewegung in statutarische Zuständlichkeit zu übersetzen." Und *Iros* [16])

---

12) Kutscher, Arthur, Stilkunde des Theaters, München 1936, S. 143.
13) Arnheim, Rudolf, Film als Kunst, Berlin 1932, S. 238.
14) Groll, Gunther, Film, die unentdeckte Kunst, München 1937, S. 79.
15) Hagemann, Walter, Der Film, Wesen und Gestalt, Heidelberg 1952, S. 13.
16) Iros, Ernst, Wesen und Dramaturgie des Films, Zürich 1938, S. 171.

sagt zur Malerei, daß sie wie alle Künste der Ruhe auf dem Ausdruck emotioneller Zustände, günstigstenfalls auf die Andeutung von Geschehen beschränkt ist. Die bildende Kunst nimmt die Fläche, die Form und den Raum zum Ausgangspunkt der Gestaltung. In der jeweiligen Verbindung damit sind Papier und Zeichenstift, Leinwand und Farbe formbares Material und seine Bearbeitungsgeräte die Mittel des Ausdrucks. Ihrer bedient sich der Schöpfer, wenn er seine Gedanken und Empfindungen formen und der Umwelt mitteilen will. Diese Formgebung ist höchster künstlerischer Ausdruck des Schöpfers, der seinem Werk die Form gibt, die ihm vorschwebt, gleichgültig ob es sich um ein Bild, ein Gemälde, eine Plastik oder ein Bauwerk handelt. In Form und Ausdruck offenbart sich das Werk der bildenden Kunst im rechtlichen Sinne.

4. Da auch die Tonkunst mit dem Film in Verbindung steht, sollen auch ihre Werke in diesem Zusammenhang kurz gestreift werden. Ihr Ausdrucksmittel ist der Klang in allen seinen Variationen. Wenn auch die Notenschrift nicht unbedingt die Voraussetzung eines Werkes darstellt, so ist sie doch die Ausdrucksweise des Tonkünstlers, in der er sich der musikalisch empfindenden Welt gegenüber äußert. Ebeno wie die Sprache ist die Musik dazu in der Lage, Vorstellungen und Gefühle des Komponisten zum Ausdruck zu bringen. Sie ist etwas Fließendes und kann in der ihr eigenen Ausdrucksweise Gefühle und Empfindungen des Schöpfers dem vermitteln, der die Sprache der Musik versteht.

Jede dieser drei Kunstgattungen hat ihre eigene Ausdrucksweise. Jede schafft nach eigenen Gesetzen. Jede verwendet das ihr wesensgemäße Ausdrucksmittel, und jede vermittelt die ihr innewohnenden Gedanken, Vorstellungen und Gefühle in der ihr eigenen (äußeren) Form. „Das Wesen jeder Kunstgattung", so sagt *Groll*, „ist ihre Ausschließlichkeit: Malerischer Ausdruck ist nur möglich im Bild, musikalischer Ausdruck nur in Tönen, sprachlicher Ausdruck nur im Wort", (aaO. S. 79), und „ganz allgemein ist das Material der Dichtung die Sprache, der der Malerei Farbe und Form, der Musik der Ton." (S. 8).

Jedes Werk dieser Kunstgattungen ist auch eine in sich geschlossene Einheit, die als solche ihre Gesamtwirkung herbeiführt. Wenn jedes dieser Werke auch eine Einzelschöpfung ist, so verdient doch festgehalten zu werden, daß sie nur durch ihre Geschlossenheit und Einheit das künstlerische Empfinden zum Ausdruck bringen. Nimmt man einem dieser Werke einen wesentlichen Teil der Idee oder der Gestaltung, so ist es nicht mehr das aus der Idee geformte Werk, sondern ein Bruchstück, das die Gefühle und Empfindungen des Künstlers nicht mehr in vollem Umfange, sondern ebenfalls nur teilweise und unvollständig vermittelt. Wenn man aus einem Roman oder Bühnenstück eine tragende Figur, aus einem Gemälde die Umrisse der Darstellung oder die Farbe, aus einem Musikstück einen Teil der Instrumentation herausnimmt, werden weder der Schöpfer noch das Kunstpublikum das Werk erkennen oder anerkennen. Von einem Werk kann man dann nicht mehr sprechen, wenngleich auch der Torso vielleicht noch Rechtsschutz verdienen kann. Ein Werk kann also nur durch seine innere und äußere Geschlossenheit wirken und die Aussage des Schöpfers vermitteln.

III. Die Ausdrucksmittel des Films

Diesen drei klassischen Kunstgattungen gegenüber ringt der Film um Anerkennung als Kunstwerk. Wenn im folgenden vom Film gesprochen wird, so sind damit all seine Varianten der Form, Einteilung und Gliederung gemeint, wie Stummfilm, Tonfilm, Bildfilm, Tonbildfilm, Sprechfilm, Musikfilm, 100prozentiger Tonfilm usw. Die Akzentverteilung auf das eine oder andere Gestaltungselement, die die Rechtsfindung erleichtern sollte, aber ihr nur schädlich war, ist eine rein äußerliche und wird der Kunstform als solcher nicht gerecht. Es ist auch verfehlt, die Bildsysteme, wie „Vistavision“, „Cinemascope“, „Breitwand“ usw. oder die Tonsysteme, wie „Stereoton“, „3 D System“ als Merkmale oder Filmarten herauszustellen. Abgesehen davon, daß heute auch die Kinobesucher nicht mehr von Stumm- oder Tonfilm und kaum noch vom Farbfilm sprechen, muß der Film in seiner Ganzheit betrachtet werden; denn die Herausstellung irgendwelcher Elemente, Arten oder Systeme führt leicht zu falscher Bewertung und versperrt den Blick für eine objektive Beurteilung der Gattung Filmwerke.

Wendet man die Elstersche Werkformel auch auf den Film an, so zeigt sich, daß sie auch hier als Maßstab geeignet ist, ohne daß man ihr oder dem Film Gewalt antut. Von der Idee und vom Aufbau her hat jeder Film, ebenso wie ein Roman oder ein Bühnenstück, einen Handlungsablauf oder ein Geschehen zum Gegenstand. Bei Spielfilmen steht eine Handlung im Mittelpunkt, die nach den gleichen dramaturgischen Gesetzen gebaut ist wie bei einem Roman oder Bühnenstück. Ein Spannungsbogen findet sich auch in allen gut gemachten Kultur- und Dokumentarfilmen. Filme und Werke der Literatur haben also eine nach dramaturgischen Gesetzen gestaltete Idee und den Handlungsablauf als gemeinsame Merkmale.

Beim Vergleich der Ausdrucksmittel könnte man auf den Gedankenken kommen, daß, weil der Tonfilm sich der Sprache und des

Klanges der Musik bedient, diese Ausdrucksmittel mit denen einer Oper identisch seien. Bei näherer Untersuchung der Wesensmerkmale des Filmes zeigt sich aber, daß hier die Ausdrucksmittel ganz anderer Art sind.

1. Das Hauptausdrucksmittel des Filmes ist das Bild und zwar das bewegte Bild. Das von der Idee her zu vermittelnde Geschehen muß also fortlaufend in Bildern ausgedrückt werden. Was die Sprache für die Literatur, ist das Bild für den Film. Darin liegt der entscheidende Unterschied gegenüber den Ausdrucksmitteln der Werke der Literatur und der bildenden Kunst. Es ist aber nicht das Bild allein — das Stehbild —, das den Charakter des Filmes bestimmt, sondern das bewegte Bild, das Bild in der Bewegung, das laufende Bild. *Wölker* hebt in seiner Untersuchung zutreffend 4 Arten der Bewegung hervor (aaO. S. 28):

1. die Bewegung des Filmstreifens in Kamera und Projektionsapparat,
2. die Eigenbewegung der im Film dargestellten Objekte,
3. die Bewegung der Kamera,
4. die Bewegung als Rhythmus der Bilderfolge.

Damit sind alle Arten der Bewegung in einem Film gekennzeichnet. „Das Filmische (Kunstmaterial) ist das bewegte Bild", stellt *Groll* (aaO. S. 8) fest, und *René Clair* sieht Idee und Bild in folgendem Zusammenhang: „Die Poesie entsteht auf der Leinwand durch das Bild, die äußere und innere Bewegung und die Bewegung der Bilder untereinander" (aaO. S. 48). Auch für *Böhmler*[17]) sind Bewegung und Bild das Charakteristische des Filmes: „Das bewegte Bild stellt somit die eigentliche Quelle der individuellen und autonomen Eigengesetzlichkeit des Filmes dar". Böhmler deutet damit ebenso wie *Iros* auf Merkmale der Gestaltung des Bildes hin, der dazu (aaO. S. 20) folgendes feststellt:

> „Bildhaftigkeit und kontinuierliche Bewegtheit sind somit die materialgesetzlichen, grundlegenden Wesens- und Gestaltungselemente des Filmes und für alle Gestaltungsregeln bestimmend."

Das Filmbild selbst lebt also von der Bewegung, die sich in ihm in laufender Bildfolge darstellt. Mit dem „lebenden Bild" bezeichnete man in der Frühzeit des Filmes den Eindruck der Wirklichkeit des Lebens. Das Filmbild braucht Leben und Leben ist Bewegung. Ein Film ohne Bewegung ist kein Film, sondern ein auf Filmband fixiertes Stehbild.

Das bewegte Bild ist also das hervorstechendste Ausdrucksmittel des Filmes, schon vom Stummfilm her, wo Mimik und Gestik das

---

17) Böhmler, Heinz, Das Gesicht des Films in: Film — Bild — Ton, Seebruck, 1952, S. 130.

Bild beherrschten. An dieser Tatsache hat sich auch mit der Erfindung des Tonfilms nichts geändert, der nun die Sprache, Musik und Geräusche aufnahm. *Iros* leitet (aaO. S. 17) das Primat des Bildes gegenüber dem Ton aus dem eigenschaftlichen Material des Filmbandes her,

> „da die Lichtempfindlichkeit die Bildproduktion unmittelbar ermöglicht und primär für diese angelegt und bestimmt ist. Das Primat des Bildhaften im Film ist damit zum Primat der kontinuierlichen Bildfolge erweitert."

Dieser Auffassung schließt sich auch *Groll* an, wenn er (aaO. S. 129) folgendes bemerkt: „Die Ursprache des Films ist die rhythmische Bildersprache, sein Urlaut ist die Gebärde" [18]).

Es ergibt sich also, daß die Wortsprache im Film eine sekundäre Bedeutung gegenüber dem Bild hat und somit nicht als gleichwertiges Ausdrucksmittel im Vergleich zur Literatur angesehen werden kann. Daher ist auch der Vergleich mit Oper und Operette verfehlt.

2. Mit dem Einbruch des Tones in den Film erhielt auch das Naturgeräusch seinen besonderen Platz. Das Geräusch — richtig verwendet — verstärkt die Sinneseindrücke des Bildgeschehens. Die Geräusche gehören der Sinnenwelt als Gegebenheiten an. Sie vermitteln zu dem zweidimensionalen, flächigen Bild Raumcharakter und Entfernung und zwingen so den Zuschauer zur gleichzeitigen Wahrnehmung durch Auge und Ohr. Ebenso wie beim Bild, gibt es auch bei Geräuschen Tonübergänge, die den Zuschauer auf etwas hinleiten und damit den optischen Eindruck vorbereiten, vertiefen und ergänzen. *Iros* (aaO. S. 322) bemerkt hierzu:

> „Geräusch ist wie Wortsprache und Musik ergänzendes Mitgestaltungsmittel des Films, bedingt durch die Existenz des Tons im Tonfilm, bestimmt und begrenzt durch den bildsprachlichen Inhalt, durch Bildstruktur und Bildkontinuität."

Auch für die richtige Verwendung von Geräuschen gibt es filmdramaturgische Gesetze, deren Verletzung die beabsichtigte Bild- und Tonwirkung herabsetzt oder aufhebt.

Die Musik im Film ist ein Teil des Klanges ebenso wie das Naturgeräusch. Vom Stummfilm her hat sie einen illustrierenden Charakter. Im heutigen Film hat die Musik eine unterstützende, vorbereitende oder vertiefende Wirkung auf den Filmbetrachter. Sie soll Gefühlswerte vermitteln, die dem Bildgeschehen entspre-

---

18) Ebenso: Müller, Gottfried, Dramaturgie des Theaters und des Films. Würzburg, 1944, S. 190; Meyerhoff, Horst, Tonfilm und Wirklichkeit, Berlin, 1949, S. 70; Hagemann, aaO., S. 73; René Clair, aaO., S. 113; Streicher, aaO., S. 31; Schmidt-Schmalenbach-Bächlin, Der Film — wirtschaftlich — gesellschaftlich — künstlerisch. Basel, 1947, S. 39 ff.

chen. Diese untermalende Bedeutung im Sinne der früheren Kinomusik ist aber immer mehr einer zu dem Filmthema komponierten Musik gewichen, die damit zum Mittel der Dramaturgie wird, ebenso wie die Sprache und das Naturgeräusch. Über die Bedeutung der Filmmusik sagt *Iros* (S. 65) folgendes:

> „Die Filmmusik ist keine autonome Musik, weil sie nur ein ergänzendes Element der Bildersprache, an diese gebunden und von ihr bestimmt ist, sie nach der gehaltlichen Seite ausweitet und vertieft, nach der bedeutungsmäßigen Seite ergänzt und unterstreicht."

Zu der gleichen Feststellung kommt *Huesmann* in „Filmstudien" von Hagemann S. 40, [19]) wenn er die Grundsätze über die Filmmusik wie folgt zusammenfaßt:

> „Die Filmmusik ist ein Gestaltungselement des Films, das sich den anderen Gestaltungselementen: bewegtes Bild, Wort und Geräusch, unterordnen und anpassen muß. Obgleich die Filmmusik nur eine untergeordnete Rolle spielt, sind ihr doch Möglichkeiten gegeben, den Inhalt und Gehalt der Bildbewegung ergänzend zu charakterisieren, zu vertiefen, zu unterstreichen und zu steigern. Die Filmmusik ist trotz ihrer Anpassung an das Bildgeschehen eine selbständige und ursprüngliche Schöpfung, die aber sinnvoll in das Bildwerk eingepaßt werden muß."

Die Ausdrucksmittel des Filmes sind also das Bild und der Ton — in der Bedeutung von Sprache, Naturgeräuschen und Musik. Eine Eigenart dieser filmischen Ausdrucksmittel ist es, daß sie, abgesehen vom Bild (beim Stummfilm) erst in der Verbindung miteinander den gewünschten Ausdruck ergeben. Diese Verbund-Wirkung von Bild und Ton ist ein charakteristisches Merkmal des Tonfilmes, wobei das Primat des Bildes nicht verlorengeht. Die akustischen Mittel des Bildausdrucks — Sprache, Geräusche und Musik — geben ihm die unterstützende Wirkung. [20]) Bild und Ton sind Mittel zur Formgebung in der Hand des Filmschöpfers.

3. Die Formgebung selbst bedient sich wiederum bestimmter Mittel, um die angestrebte Ausdrucksweise herbeizuführen. Als Mittel der Gestaltung beim Film kann man noch folgende hervorheben: Die Kameraführung mit Einstellung und Einstellungswechsel (Totale, Halbtotale, Halbnah-, Nah- und Großaufnahme), die Schwenk-, Fahr- und Kranaufnahme; außerdem die Lichtführung mit ihrer Wechselwirkung von Licht und Schatten und als Filmmaterial schwarzweiß sowie die Farbe in all ihren Abstufungen. Hinzu kommen der Schnitt und die Montage als weitere Mittel der Formgebung, um dem Handlungsablauf den gewünschten Rhythmus zu geben.

---

[19]) Hagemann, Walter, Filmstudien. Emsdetten, 1952.

[20]) Ebenso: v. Metzler GRUR 1952, 16; Streicher, aaO., S. 27; Berthold-Hartlieb, aaO., S. 5.

Material der Formgebung ist das Rohfilmmaterial, auf dem durch Belichtung die Bilder aufgezeichnet werden. Das belichtete Filmmaterial wird nach seiner Entwicklung durchsichtig. Erst diese Durchsichtigkeit erlaubt es, die Formgebung und die Form des Filmwerkes festzustellen. Darin liegt eine weitere Eigenart des Filmes, daß der Film nur im Wege der vergrößernden Projektion, also mittels eines Wiedergabegerätes, sichtbar gemacht werden kann. Ohne ein solches Gerät kann man nur das Filmmaterial — die Filmrolle — sehen und weder die Formgebung noch die Form erkennen. Als Form im Sinne der Elsterschen Werkanalyse kann man nur die im Filmmaterial — in der Positivkopie — verkörperte Form das Filmes ansehen, die erst in der Projektion sichtbaren Ausdruck annimmt. Diese Tatsache steht der Werkform des Filmes nicht entgegen, gibt es doch auch in der Tonkunst das Notenwerk der Musik, die ja auch erst in der Aufführung wahrnehmbar wird.

Es ergibt sich also, daß eine Idee durch optisch-akusfische Ausdrucksmittel und besondere Mittel der Formgebung zu einem Werk ausgearbeitet, d. h. geprägt werden kann. Es sind dies neuartige und andersartige Ausdrucks- und Formgebungsmittel, als sie bei Werken der Literatur, der bildenden Kunst und der Tonkunst festgestellt wurden. Hiergegen kann auch nicht eingewendet werden, daß der Film sich des Bildes als eines Ausdrucksmittels der Malerei, der Sprache und der Musik als Ausdrucksmittel der Literatur und der Tonkunt bediene, so daß es sich um die gleichen Ausdrucks- und Formgebungsmittel der bekannten klassischen Kunstgattungen handele. Das Bild der Malerei ist statisch, das Filmbild dagegen ist dynamisch. Diesen Gegensatz von Statik und Dynamik kennzeichnet *Moholy-Nagy* [21]) mit folgender Feststellung:

> „Das Wesen des Einzelbildes ist die Produktion von Spannungen in Farben- und (oder) in Formverhältnissen auf der Fläche, die Produktion neuer, farbiger Harmonien in gleichgewichtigem Zustande. Das Wesen des reflektorischen Lichtspiels ist die Produktion von Licht-Raum-Zeit-Spannungen in farbigen oder Hell-Dunkel-Harmonien und (oder) in verschiedenen Formen auf kinetische Art, in einer Kontinuität der Bewegung: als optischer Zeitablauf in gleichgewichtigem Zustande."

Besteht schon vom Bild her keinerlei Identität mit der Ausdrucksweise der Malerei, so lassen sich auch keine Parallelen zwischen den Ausdrucksmitteln der Dichtung und Tonkunst zu den filmischen Mitteln ziehen. In der Literatur ist die Wortsprache das einzige und alleinige Ausdrucksmittel, ebenso wie die Noten-

---

21) Moholy-Nagy, Malerei — Photographie — Film. München, 1925, S. 21.

schrift in der Tonkunst. Beim Film dagegen ist die Bildsprache das entscheidende Ausdrucksmittel, dem sich Sprache und Musik zuordnen, sie ergänzen und steigern. Die Gegensätzlichkeit der Ausdrucksmittel und ihre Artbezogenheit kann nicht besser dargestellt werden, als dies folgende Kenner der Filmgestaltung getan haben. *Kutscher* (aaO. S. 147) sagt hierzu:

„Weder Worte noch Musik sind Elemente des Tonfilms. Beide bestehen im Tonfilm nur durch ihr organisches Verhältnis zum bewegten Foto. Der Tonfilmregisseur behandelt Wort und Musik selbständig im Sinne des Films, er gibt ihnen nicht als solchen Raum und Recht, er stellt sie in Dienst, er unterbricht sie, er legt Zwischenbilder ein, er wendet die Kamera weg vom Sprecher und Sänger und Musiker auf die anderen, auf die Umwelt, die Natur, das Publikum, er zeigt mit ihnen bildhafte Wirkung und Bewegung."

Hagemann (aaO. S. 73) vergleicht die Ausdrucksmittel mit folgendem Ergebnis: [22])

„Auf der Bühne regiert das Wort, seine Fixierung gibt also den wesentlichen Inhalt der späteren Darstellung wieder; der Film aber beruht auf der sichtbaren Bewegung, während das Wort nur eine Begleiterscheinung ist. Die Wortsprache ist nicht imstande, sichtbare Vorgänge filmisch zugänglich zu beschreiben. Gewiß, auch Schrift und Druck können den Klang der Worte und Sätze, ihr Tempo und ihren Rhythmus nicht fixieren. Immerhin vermögen sie das Entscheidende, den Wortsinn, genau festzuhalten. Die noch jüngere Notenschrift kann den akustischen Klangkörper sogar in Ton, Tempo und Rhythmus festhalten. Aber es gibt noch keine Zeichengebung der optischen Aussage außer dem Bild und dem Filmband."

Zusammenfassend ist also festzustellen, daß die Idee durch besondere Ausdrucksmittel und die Formgebung zu einem Filmwerk gestaltet werden kann. Es erfüllt also die Voraussetzungen, die Elster an den Werkcharakter stellt, in jeder Beziehung. Allerdings kann man Elster nicht folgen, wenn er den Film als Schriftwerk ansieht, soweit er eine Handlung hat, und wenn Elster den Naturfilm als ein fotografisches Werk bezeichnet. Diese Vereinfachung und Zurückführung der Werkschöpfung auf die Idee nimmt umsomehr wunder, als Elster in richtiger Erkenntnis der Schöpfungsmöglichkeiten die Maßstäbe für den Werkcharakter gefunden hat. Es ist daher verfehlt, in der „Filmung" eines niedergeschriebenen Filmwerkes (lies: Drehbuch) eine Wiedergabe mit anderen Ausdrucksmitteln zu sehen. Hierauf wird noch später einzugehen sein. Beim Film steht aber die optische Aussage im Vordergrund. Diese Ausdrucksweise ist aber nur durch das Bild und das Filmband möglich, ebenso wie bei der Tonkunst durch die Notenschrift.

---

22) Ebenso Arnheim, aaO., S. 240; Groll, aaO., S. 31; René Clair, aaO., S. 142; Iros, aaO., S. 17; Streicher, aaO., S. 21 ff.

Zu der Erkenntnis über die optische Aussageweise kann man schlechterdings nicht durch gelegentlichen Kinobesuch kommen. Dazu muß man denselben Film häufiger sehen. Was man dabei erlebt, stellt *Gottfried Müller sehr* treffend wie folgt dar (aaO. S. 139):

„Wer nicht mindestens fünfmal hintereinander einen Film aufmerksam betrachtet hat, kann überhaupt nicht beurteilen, aus welchen Elementen ein Film besteht. Er wird nämlich dann zur Überzeugung kommen, daß sich die Dramaturgie des Theaterstückes kaum von der des Films unterscheidet.

Man studiere also zuerst die Technik des Dramas, wie sie in dem ersten Teil dieses Buches geschildert ist. Nach Kenntnis der Technik des Dramas sehe man sich vier- bis fünfmal einen Film an. Man wird dabei folgende Beobachtung machen:

Das erste Mal erlebt man den Film als Kinobesucher. Man wird von der Überfülle des Gebotenen erdrückt und kann die Handlung, die einem neu ist, nicht übersehen. Man reagiert nur auf die Überraschungen und sieht nur die Hauptpersonen.

Das zweite Mal beurteilt man die Handlung, die klar und einfach abrollt, denn alles Nebensächliche schrumpft zusammen — wie ein Exposé-Autor, der mit sichtendem Verstand die großen Umrisse der Spannungskonstruktion entwirft. Nun sieht man auch die Nebenpersonen und achtet auf die Feinheiten der Regie. Man ist schon eingeweiht, denn man weiß, wie der Film weitergeht. So betrachtet man, wie der Film gemacht ist.

Das dritte Mal erlebt man den Film wie der Verfasser des Treatments. Denn jetzt rollt der Film in einzelnen Bildfolgen ab, die handlungsmäßige Gruppen bilden. Man sieht die Details der Handlung, die einzelnen Spannungsetappen, und wie dieselben in sich gegliedert sind. Man sieht jetzt nicht nur die Nebenpersonen, auch die Dinge: Eine Uhr, die eine bestimmte Stunde zeigt, ein Kalenderblatt, die Länge einer Zigarre und alle Details, die von dramatischer Bedeutung sind. Mit einem Wort — man sieht, wie jede Situation gebaut ist. Man erkennt die Hand des Regisseurs.

Das vierte Mal sieht man den Film bereits wie ein Drehbuchautor. Man bemerkt die Einstellungen, den Standpunkt der Kamera, die ins Optische umgesetzte Dramatik.

Das fünfte Mal bemühe man sich, die Schnitte zu sehen. Erst dann wird einem bewußt werden, von wieviel technischer Überfülle, nebensächlichen Details und verwirrendem Tempo man sich hat täuschen lassen, als einem das erste Mal der Film so verwirrend reichhaltig vorgekommen ist. Man wird dann bemerken, wie einfach die Handlung geführt ist und mit welchen sparsamen, aber logisch unerbittlich angewandten Mitteln die Spannung erzeugt wird."

IV. Der Film — eine neue Kunstgattung

Der Vergleich von Ausdrucks- und Formgebungsmitteln der Literatur und bildenden Kunst mit denen des Films zeigt, daß letztere sich grundlegend von den beiden erstgenannten Kunstgattungen unterscheiden. Sie sind grundverschieden und andersartig, so daß der Film etwas anderes sein muß als ein Werk der Literatur, als ein Roman oder ein Bühnenstück.

Auf den Gegensatz der Filmkunst zu anderen Künsten weist besonders *Groll* hin, wenn er (aaO. S. 130) feststellt:

> „Die Welt des Films ist eine Welt mit eigenem Gesetz. Kein Gesetz anderer Künste ist auf ihn anwendbar. Es gibt keine Verfilmung und es gibt keine Übersetzung in den Film. Film ist nicht Ersatz, sondern muß Erfüllung in sich selber finden. Wie er keine andere Kunst ersetzt, ersetzt er auch nicht das Leben."

Was Groll damit meint, wenn er sagt, es gibt keine Verfilmung, erklärt er an anderer Stelle (S. 81):

> „Es ist sicher möglich, daß derselbe Stoff vom Roman und vom Film gestaltet wird. Die Form wird dann aber grundlegend verschieden sein. Ist eine Verfilmung gut, so hat sie etwas geschaffen, was mit dem verfilmten Roman nichts mehr gemein hat als den Stoff. Da der Stoff aber künstlerisch nicht ausschlaggebend ist, bleibt eine Verfilmung von Romanen im reinen Sinne ebenso unmöglich wie die Theaterverfilmung."

Hiermit nimmt Groll auch eindeutig gegen die Ansicht von Elster Stellung, daß es allein auf die Formung der Idee ankomme, wobei es gleichgültig sei, ob sie in einem literarischen Werk oder im Film ihren Ausdruck finde. Die Formverschiedenheit beder Gattungen hebt Groll mt Recht hervor.

Iros hat sich nicht nur mit den Einwänden gegen die Filmkunst auseinandergesetzt, sondern auch die künstlerischen Werte, Kunstformen und Kunstgattungen sehr eingehend untersucht. Hierbei setzt er den Film auch zu den anderen Künsten in Beziehung und bemerkt dazu (aaO. S. 169) folgendes:

> „Das Zusammenwirken und Zusammensein von Elementen verschiedenartiger Kunstbereiche gibt der Filmkunst den Charakter einer zusammengesetzten Kunst. Im Gegensatz dazu handelt es sich in den Einheitskünsten der Malerei, Bildnerei, Dichtung usw. um eine von einem einzigen Künstler vollzogene Einheit von phantasiemäßiger und sinnlicher Ausführung, wobei die Fixierung der Phantasieschöpfung identisch ist mit der endgültigen Werkausführung. Als zusammengesetztes, aber doch selbständiges Kunstwerk vermag der Film zwar eine größere Einheitlichkeit als eine zusammengesetzte, jedoch unselbständige Kunstgattung, aber doch wiederum nicht jenes Maß von Einheitlichkeit zu erreichen, das die Einheitskünste besitzen, andererseits verleiht ihm die Vielfalt seiner fast allen anderen Künsten entnommenen Gestaltungselemente eine größere Mannigfaltigkeit, als sie den Einheitskünsten wiederum möglich ist."

Iros erkennt also richtig, daß der Film zwar mit den Ausdrucksmitteln anderer Kunstgattungen gemeinsame Merkmale hat, aber doch ein selbständiges Kunstwerk ist.

Warum der Film ein Kunstwerk ist, sagt er auf S. 183:

„Der Film ist Bilddichtung, nicht Darstellung irgendwelcher Art im gattungsmäßigen Sinn der Bühnendarstellung beider Arten. Soweit er gestisch oder wortsprachlich darstellt, bildnerisch baut und musiziert, sind ihm Darstellung, Bauten und Musik Material für die in sich selbständige, souveräne Filmkomposition. Er nimmt ihnen, soweit er sie verwendet, das Eigenleben und verleiht ihnen dafür filmische Existenz. Dieses Merkmal verleiht der Filmkunst den Rang einer selbständigen Kunstkategorie: der Kategorie der Filmkunst."

Auf Seite 764 fährt er dann fort:

„Das vollkommene Filmkunstwerk wird, unter Führung von Bild und Bewegung, eine Synthese aus Bild, Bewegung, Klang und Wort sein. Es wird, unter anderem Vorzeichen, dem Wesen dessen nahekommen, was Richard Wagner erstrebte und was durch den Begriff „Gesamtkunstwerk" eine falsche Deutung erhielt, weil darunter die künstlerische Gleichrangigkeit verschiedener Kunstgattungen in ein und demselben Kunstwerk verstanden werden konnte."

Der Wortdichtung stellt Iros also die Bilddichtung gegenüber. Besser kann man den Gegensatz von Literatur und Film nicht kennzeichnen. Hier die Sprache des Wortes — und dort die Sprache des Bildes. Daß es sich bei der letzteren um eine ganz neue Ausdrucksform handelt, hebt besonders *Hagemann* (aaO. S. 12) hervor:

„Die Sprache des Films kann als eine völlig neuartige Aussageweise in ihrer Tragweite für die Menschheit nur mit der Entstehung der Wortsprache und der Schrift verglichen werden. An Vielfalt und Wirkungsmächtigkeit vermag sie Tanz und und Bühne weit zu übertreffen. Um ihrer Besonderheit gerecht zur werden, müssen wir uns von den überkommenden Begriffsbestimmungen anderer Künste und Ausageweisen lösen und die Vorstellungen überprüfen, welche die Wahrnehmungs- und Kunstlehre aus ihnen gewonnen hat. Alle Bemühungen der ernstzunehmenden Theoretiker des letzten Menschenalters bewegen sich in dieser Richtung."

Hagemann fordert mit Recht, daß wir bei der Beurteilung der Filmkunst die Maßstäbe für andere Kunstwerke und Kunstgattungen nicht mehr anwenden dürfen.

Diese Auffassung hat sich bereits bei allen denen durchgesetzt, die sich intensiv mit dem Film und seinen Gestaltungsproblemen beschäftigt haben.

Panofsky [23]) bemerkt hierzu:

„Der Film ist zum Ausdrucksmittel unserer Zeit geworden. Mit dem bewegten Bild, mit diesem Spiel aus Licht und Schatten ward eine neue Ausdrucksform gefunden, die ohne jedes Vorbild, ohne Vorgänger ist. Film ist nicht Theater, Film ist keine Malerei, Film ist nicht bildhaft gewordene Literatur: das Lichtspiel ist immer dann am stärksten, wenn es sich auf die nur ihm zu eigenen Ausdrucks-

---

23) Panofsky, Walter, Die Geburt des Films, Würzburg 1944, S. 1.

möglichkeiten beschränkt, es ist am konventionellsten, wenn es Anleihen macht bei jenen anderen Künsten und damit etwas von seinem Selbst aufgibt.“

Georges Damas: „Der Film — eine neue Sprache“ in „Internationaler Filmrevue“ 1951, Seite 50, findet beim Vergleich des Films mit der Sprache und mit der früheren Literatur, daß eine enge Verwandtschaft mit den Sprachen besteht:

„Dennoch bleibt ein kleiner Unterschied bestehen. Diese wurden bisher gemimt, gesprochen oder auch geschrieben mit allen Unvollkommenheiten, die jede dieser Methoden in sich schließt. Der Film aber wendet alle zugleich an. Er ist in der Tat — und damit haben wir seine treffendste Definition — die Sprachsynthese; denn er kann alles Visuelle, alles Klangliche und alle Bewegung ausdrücken. Der Film ist das bemerkenswerteste Ausdrucksmittel, das der Mensch erfunden hat. Er ist auch eine unserer natürlichen Denkweisen.“

René Clair stellt (aaO. S. 22) die Frage:

„Und hat es je im Bereich bekannter Kunstgattungen so faszinierende Umwälzungen gegeben, wie es die Entdeckung und Erschließung dieser neuen Kunst war, die wunderbarerweise allen Menschen gehörte, gleichviel welcher sozialen Klasse, Sprache und Nation?“

Fedor Stepun [24]) untersucht eingehend die künstlerischen Filmformen und kommt hierbei zu dem Ergebnis, daß die „Eigenart des Films als einer eigenständigen Kunst in der Sichtbarkeit einer ganz neuen Welt besteht, der das naturwissenschaftliche Weltbild zugrundeliegt“.

Kleiner-Lautenegger [25]):

„Film ist eine eigene Kunstform mit eigenen Mitteln und als solche frei von literarischen und theatralischen Einflüssen. Vom Film sprechen wir nur dann, wenn die filmeigenen Gestaltungsmittel zur Anwendung gelangen. Seine ureigensten Mittel sind aber die Einstellung (Bild) und Montage (Bildfolge). Film ist die Kunst des Bildes, des bewegten und fließenden Bildes.“

E. Rümmele (Internationale Filmrevue, Trier 1956, S. 86) bemerkt hierzu:

„Die Frage, ob Film Kunst sei, ist positiv zu beantworten. Film ist Kunst. Ihm gebührt dieser Ehrentitel, denn es liegt durchaus im Bereich seiner Möglichkeiten, das Erlebnis der modernen Zeit in einer eigenen Formsprache schöpferisch zu spiegeln und zu deuten.“

Heinz Pauck [26]) berichtet über ein Gespräch zwischen deutschen und französischen Filmautoren über Filmstoffe. An die Feststellung, daß die Franzosen ihre Ideen direkt in der Symbolsprache des

---

24) Stepun, Fedory, Theater und Film, München 1953, S. 109.
25) Kleiner-Lautenegger, Film, dramaturgisch, gesellschaftlich, historisch, Zürich 1953, S. 9.
26) „Zur Lage der deutschen Filmautoren“ in Intern. Filmrevue, Trier 1951, S. 265

Films — in Bildern — beschreiben, während die Deutschen die Handlung zunächst gedanklich-sprachlich formten, knüpft er die Bemerkung: „Filmdichtung ist aber keine literarische Leistung, sondern eine Kunstübung mit neuartigen Anschauungsweisen und Funktionen aus der Quelle der Bildphantasie."

Schmidt-Schmalenbach-Bächlin stellen (aaO. S. 1 und 16) fest: „Der Film ist eine Bildkunst." „Der Film ist ein primäres, selbständiges Kunstwerk."

Wenn hier nicht noch *Arnheim* und *Béla Balács* zitiert werden, so aus dem Grunde, weil beide davon ausgehen, daß der Film eine neue Form der Kunst sei, die nicht mehr bewiesen zu werden braucht. Sie beschäftigen sich daher in ihren aufschlußreichen Werken mehr mit den Gestaltungsmitteln des Filmes als der für den Juristen wichtigen Kardinalfrage, ob der Film als Werk einer neuen Kunst anzuerkennen sei.

Es ist auch nicht das Neuartige der Ausdrucksweise und der Form, sondern auch der Einheit und Geschlossenheit der Wirkung, die aus der Form spricht. Auch diese Frage hat *Hagemann* eingehend untersucht und dazu folgende Feststellungen getroffen (aaO. S. 186):

> „Für das Filmkunstwerk gilt schließlich die Forderung nach Einheit von Inhalt und Form, von Gehalt und Gestalt. Die Form ist ja nichts Zufälliges, das dem Inhalt aufgeprägt wird, sie muß mit ihm zur unlöslichen Einheit verschmolzen sein. Gestaltung einer Idee ist gleichbedeutend mit der Entscheidung über ihre künstlerische Formgebung. Erst aus der organischen Zusammenfassung aller genannten Elemente entsteht jene rhythmische Wirkungseinheit, die wir an den wenigen echten Filmkunstwerken bewundern. Da der Zuschauer den Film als ein Ganzes erlebt, müssen alle optischen und akustischen, stilistischen und strukturellen Elemente kompositorisch zusammenklingen. Diese Vielfalt der Wirkungselemente des „Gesamtkunstwerkes" — für die es in keiner anderen Kunstform etwas Vergleichbares gibt — zu einem künstlerischen Organismus zusammenzufügen, ist das Geheimnis der künstlerischen Intuition, für die es keine Gebrauchsanweisungen und Regeln gibt. Sie können nur am vollendeten Kunstwerk erlebt und analytisch auf ihre Elemente zurückgeführt werden, aus denen sich die „Regeln" filmischer Gestaltung ablesen lassen. Der Film ist „Gesamtkunstwerk", er vermag Auge und Ohr zugleich zu beschäftigen und damit latente Funktionsbedürfnisse zu befriedigen."

Diese von Hagemann herausgestellte Einheit der Form und der Wirkung vertritt auch *Stückrath* [27]), der folgendes dazu ausführt:

> „Die Wirkung des Filmes beruht vor allem auf der Tatsache, daß er alle bekannten Formen der Darstellung in sich vereinigt: das Bild, die Bewegung, das Wort, den Ton und zuletzt auch die Farbe. Aber diese Elemente sind uns nicht nacheinander oder nebeneinander gegeben, sondern sie sind hier zu einer einzigartigen Einheit ineinander gebunden."

27) **Stückrath**, Fritz, Der Film als Erziehungsmacht, Hamburg 1953, S. 36.

Zu dieser Erkenntnis ist auch *Böhmler* gekommen, wenn er über den Film (aaO. S. 130) folgendes sagt:

„Das Filmwerk ist durch die individuelle und gleichmäßige Einheitlichkeit von Inhalt und Form und durch das einheitliche Zusammenwirken aller Darstellungsmittel zu einer organischen Gestalt geworden. Film ist jedoch nicht nur eine optische Ausdrucksform, sondern stellt ja eine Synthese von Bild, Bewegung und Ton dar." (S. 276) . . . Alle filmischen Darstellungsmittel müssen zu einem künstlerischen Totaleindruck zusammenwirken. Ein Film muß Stil haben, muß vor allem eine Einheit darstellen."

Den Charakter des Films als eines Gesamtkunstwerkes heben noch folgende Filmkenner hervor:

Fr. Robbe „Die Einheitlichkeit von Bild und Klang im Tonfilm" 1940, zitiert bei Meyerhoff, Horst, Tonfilm und Wirklichkeit, Berlin 1949, S. 71:

„Gerade das macht das Wesen des Tonfilms aus, daß in ihm Sichtbares und Hörbares, bewegtes Bild und Klang zusammenstehen in einer Einheit und gemeinsam einer Idee zum Ausdruck dienen. Im Tonfilm stehen Bild, Musik und Sprache gemeinsam nicht als Summe, sondern in gegenseitiger Durchdringung im Dienste des Gesamtkunstwerks."

Liebeneiner, zitiert bei Gottfried Müller (aaO. S. 12):

„Der Film ist ein Gesamtkunstwerk, bei dem nicht einer alles, sondern alle eines tun müssen, nämlich den Film gestalten, jeder auf seinem Spezialgebiet"; (S. 16): „Erst mit der Erfindung des Tonfilms ist der Film ein dramatisches Kunstwerk geworden."

Gottfried Müller (aaO. S. 199):

„Die künstlerische Entwicklung lag aber auf einem ganz anderen Gebiet. Das gesprochene Wort, der musikalische Ton und das bewegte Bild verschmelzen zu einer dramaturgischen Einheit, die aus dem Bilderbogenschnitt des bisher stummen Films ein dramatisch geschlossenes Kunstwerk machte"; (S. 201): „Der Film ist ein um so vollständigeres Gesamtkunstwerk, als alle seine Ausdrucksmittel vom Rhythmus der Bewegung erfaßt werden können"; (S. 205): „Der Tonfilm muß nicht nur, wie das Drama, mit einer Handlung und dem Wort, sondern auch durch seine Bildwirkung und musikalische Stimmung befriedigen. Die Musik dient dem Film als unentbehrliche Stimmungsuntermalung. Der Tonfilm ist ein Gesamtkunstwerk, so wie es das Musikdrama Wagners ist, das Wort und Musik, Geste und Rhythmik zu einer einheitlichen Aktion verband."

Heinrich Koch [28]) führt in Kapitel I aus:

„Lediglich das Technische der Aufnahme ist handwerkliche Arbeit. Alles andere ist Kunst, wenn sich auch nur bei einer geringen Zahl von Filmen die künstlerischen Einzelleistungen zu einem Gesamtkunstwerk verbinden."

---

28) Koch, Heinrich, Von deutscher Filmkunst, Berlin 1943.

Wolf-Dietrich Schnurre [29]) nimmt auch zu den Einwänden Stellung, die gegen den Film als Kunstform erhoben werden:

„Der Film ist, allen anderslautenden Meinungen und hämischen Hinweisen auf seine technischen „Krücken" zum Trotz, zuerst einmal Kunst. Das heißt, er ist genau so eine künstlerische Ausdrucksform wie Dichtung, Malerei, Theater und der Tanz. Ja, er ist in seiner höchsten Vollendung vielleicht sogar die uns am unmittelbarsten ansprechende und anregendste Kunstgattung überhaupt. Der Vorwurf, er bediene sich unkünstlerischer Mittel, trifft nicht zu. Auch der Maler hat seine Technik, auch der Dichter muß Fachwissen häufen. Kunst ist noch nie ohne Technik ausgekommen; die Musik so wenig wie die Malerei, der Film so wenig wie das Theater. Ein anderer Einwand ist der: der Film sei eine Kollektivleistung, Kunstwerke aber hätten immer nur Einzelschöpfer, nie Produktionsgruppen zum Urheber. Dieser Einwand birgt zum Teil Richtiges. Der Film ist allerdings eine Arbeit von mehreren. Jedoch hat jeder in ihm eine gesonderte Einzelleistung zu vollbringen, die sich erst auf der Leinwand und mit den übrigen Leistungen zusammen dann als Ganzes präsentiert, dem Kenner aber selbst hier noch deutlich als die individuelle Funktion eines ganz bestimmten einzelnen erscheint. Ein weiterer verdächtig oft innerhalb falscher Zusammenhänge strapazierter Begriff ist auch ‚Filmkunst'. Was ist Filmkunst? Filmkunst ist Symbolkunst, das heißt, sie ist die Kunst des Weglassens, des Andeutens, der Hervorhebung von Teilen zur Verdeutlichung des Ganzen. Ihr eigentliches Kriterium jedoch, ihr Objekt, ist der Schatten, der Schatten in seiner ganzen Skala von Zwischentönen. Man stelle sich einmal ein vollbelichtet fotografiertes Gesicht vor, aus dem auch der letzte Rest eines Schattens gebannt wäre — es würde totlangweilig, puppenhaft leer wirken; unser Interesse ist ihm erst sicher, wenn der Schatten es zeichnet. Der Filmkunst geht es also um das Spiel (oder den Kampf) zwischen Licht und Schatten; mit anderen Worten: sie ist rein visuell. Der Ton ist im Grunde ein völlig unfilmisches Element. So hat die Filmkunst zunächst ihrem eigentlichen Wesen nach nichts mit dem Inhalt eines Films zu tun. Was sie bestimmt, ist vielmehr das ‚Wie' eines Films, die Art, in der er gedreht worden ist: die Fotografie."

Einer unserer erfolgreichsten Filmproduzenten der Nachkriegszeit setzt sich in einem bemerkenswerten Referat „Filmkunst — Filmgeschäft" mit dem Film als Kunstform auseinander. *Walther Koppel*, der Chef der Realfilm Hamburg, sagte anläßlich der Tagung „Presse und Film" in Wiesbaden hierzu: [30])

„Wenn es eine Filmkunst gibt, dann unterscheidet sie sich wesentlich von allen anderen Künsten gemeinhin. Es handelt sich dabei auch nicht nur um graduelle Unterschiede, sondern um einen wirklich tiefen Wesensunterschied. Während jedes andere Kunstwerk eine individuelle Schöpfung, die Leistung eines einzelnen ist, fließen in dem Kollektiv-Erzeugnis ‚Film' die verschiedensten künstlerischen Disziplinen zu einem Ganzen zusammen, in dem sie sich auflösen, ihre selbständige Existenz verlieren zu Gunsten eines einheitlichen Werkes, das sich aus den Elementen Bild, Sprache, Musik, Architek-

---

29) Schnurre, Wolf-Dietrich, Rettung des deutschen Films, Stuttgart 1950, S. 12.
30) Informationsdienst der Spitzenorganisation der Filmwirtschaft e. V. — Pressestelle — Ausgabe A Nr. 68 vom 16. 6. 1956.

tur usw. zusammensetzt. Dabei können einzelne Disziplinen an Intensität gewinnen oder verlieren; sie mögen, wie oft die Musik, bei einem Film dominieren, bei einem anderen vollkommen zurücktreten oder überhaupt nicht existent sein. In jedem Fall gilt, daß ein Filmwerk im Sinne der Erfüllung seiner Eigengesetzlichkeit um so legitimer ist, je intensiver sich seine einzelnen Elemente durchdringen, so daß sie nicht mehr als isolierte künstlerische Ausdrucksmittel in das Bewußtsein des Aufnehmenden treten, sondern als unlösbare Bestandteile eines einheitlichen Ganzen. Hier liegt das Unterscheidende gegenüber allen anderen künstlerischen Schöpfungen und zugleich das Kernproblem für die Fragestellung, ob der Film Kunst sei oder Kunst sein könne. Der synthetische Charakter des Films, seine Entstehung durch die Montage ungleichartiger und — notwendigerweise — ungleichwertiger Einzelleistungen zwingt zur Anlegung vollkommen anderer Maßstäbe, als wir sie sonst an künstlerische Leistungen anzulegen gewohnt sind."

Es ergibt sich also, daß der Film von namhaften Wissenschaftlern, hervorragenden Kunstkennern und -kritikern sowie Filmschaffenden übereinstimmend als Kunstwerk einer neuen Kunstgattung angesehen wird, die mit den bisher bekannten Kunstformen und -gattungen nichts gemein hat. Ausdrucksmittel, Formgebung und Form des Films weichen in ihrer Anwendung und Wirkung völlig von den in anderen Kunstgattungen bekannten ab. [31]) Infolgedessen müssen sie auch anders gesehen und beurteilt werden. Diese Erkenntnis muß auch für die Vertreter der Rechtswissenschaft, die sich mit dem Filmrecht befassen, Ausgangspunkt für die Rechtsfindung und Normierung sein.

Gegen die Feststellung, daß der Film einer neuen Kunstgattung angehört, wird häufig eingewandt, daß jährlich unzählige Filme hergestellt werden, die absolut keinen Anspruch auf irgendwelche künstlerischen Werte erheben können. Solchen Einwänden kann man nur entgegenhalten, daß neben den klassischen Werken der Weltliteratur auch heute noch die Schundliteratur ihre Blüten treibt, daß neben den Kunstwerken der Bühne doch auch zweifelhafte Komödien und Lustspiele aufgeführt werden, und daß neben klassischer Musik nach wie vor die Eintagsfliegen ihre Berechtigung nachweisen. Ist neben der bildenden Kunst nicht auch der Kitsch zu Hause? Aber auch diese leichte geistige Ware erhebt Anspruch darauf, urheberrechtlich wie ein ernsthaftes Werk behandelt zu werden. Es ist ihr von Lehre und Rechtsprechung auch nicht verwehrt worden. Und so kann auch der Einwand der geschäftlichen Massenware nicht gehört werden. Selbst wenn der Film heute noch nicht allgemein als Kunstwerk anerkannt wird, dürfen die bisher erbrach-

---

31) Zu dem gleichen Ergebnis kommt auch S t r e i c h e r in seiner recht interessanten Untersuchung (aaO. S. 37). Bei der rechtlichen Beurteilung seiner Erkenntnisse bleibt Streicher jedoch dem bisherigen Rechtsdenken verhaftet.

ten schöpferischen Leistungen nicht übersehen und darf nicht vergessen werden, daß er erst etwa 60 Jahre alt ist. *Bagier* bemerkt schon 1928 hierzu [32]):

„Eine neue Kunstform wächst nicht über Nacht. Die alten Künste wurden zugleich mit der Psyche und Physis des Menschen geboren. Sie wuchsen und entfalteten sich mit ihm durch die Jahrtausende. Die neue Kunst des Lichtspiels wurde durch die Technik, die exakte Wissenschaft, durch die Maschine geboren. Sie entsteht aus der innigen Vereinigung dieser materiellen Konstruktion mit menschlichem Geist und menschlicher Phantasie. Sie befindet sich im ersten Kindheitsstadium, das nachplappert, was die erwachsenen, reiferen Geschwister ihr vorsprachen, vordachten, vorfühlten. Sie ist im Dämmerzustand erster Jahre, der die Kräfte sammelt. Allmählich wird sie heranreifen: Dann geht sie selbständig vor, dann empfindet sie aus eigenem Antrieb, dann handelt sie in eigenen Formen."

Mir scheint, daß dieser Zeitpunkt schon gekommen ist.

V. Das Werkschaffen des Filmes

Wenn Lehre und Rechtsprechung die richtige Einstellung zum Film finden wollen, müssen sie zunächst folgendes erkennen: Die Werkschöpfung in den klassischen Kunstgattungen der Literatur, bildenden Kunst und Tonkunst erfolgt in der Regel durch ein Individuum. Diese Werke sind das geistige Produkt eines Einzelschöpfers. Auf diesem Schaffensvorgang beruht das geltende Urheberrecht mit seinen auf das Einzelwerk und den Alleinschöpfer ausgerichteten Normen. An der Schaffung eines Filmes dagegen, der Formen und Ausdrucksmittel verschiedenartiger Kunstgattungen anwendet, ist eine Mehrzahl von Individuen beteiligt, da die Schöpfung eines Filmes — von Kurzfilmen abgesehen — über die geistige, physische und wirtschaftliche Leistungsfähigkeit eines einzelnen hinausgeht. Dem Alleinschöpfer klassischer Kunstwerke steht beim Film eine Mehrzahl von Individuen gegenüber, die sich um das Urheberrecht streiten.

1. Vielfach hört man nun die Meinung, der Film könne gar kein Werk im Sinne des Urheberrechts sein, weil ihm das Merkmal der individuellen geistigen Schöpfung fehle. Er sei ein Produkt der Technik, die eine schöpferische Leistung nicht zulasse. Wer eine Werkschöpfung nur dann anerkennt, wenn eine Einzelperson sie geschaffen hat, kann den Film in der Tat nicht zu den Werken der Kunst rechnen. Einer solchen Einstellung zu folgen, heißt aber, sich dem Leben in seiner Vielfältigkeit und seinen Wandlungen zu verschließen. Es gäbe dann keinerlei Entwicklung und Fortschritt. Dies würde bedeuten, daß das Urheberrecht auf dem Stand von 1900 stehenbleiben müßte. Aber hat nicht gerade die Technik auch für die Urheber

32) B a g i e r Guido, Der kommende Film, Stuttgart-Berlin 1928, S. 94.

Entwicklungs- und Verbreitungsmöglichkeiten gebracht, an die man früher nicht einmal in den kühnsten Träumen gedacht hat? Film, Rundfunk, Fernsehen und Tonband, um nur die wichtigsten technischen Mittel der Verbreitung zu nennen, stehen im Dienste der Autoren und Komponisten. Wenn die Technik als Mittel der Verbreitung von Urheberrechtsgut auch von ihren Schöpfern gutgeheißen und anerkannt wird, ja wenn sie sich ihrer sogar bei der Alleinschöpfung bedienen (Schreibmaschine, Magnettonband, Fotomechanik), ist nicht einzusehen, warum den Werken der Schutz versagt werden soll, die überhaupt nur mit Mitteln der Technik geschaffen werden können. Erlaubt die Technik heute einem Architekten nicht, viel kühnere Pläne zu entwerfen und ausführen zu lassen, als vor 100 Jahren? Die Dome und Kirchtürme des Mittelalters sind heute Spielzeuge gegenüber dem Eiffelturm und dem Empire State Building. Die Technik befruchtet nicht nur die geistige Schöpfung, sondern bietet auch neue Schöpfungsmöglichkeiten sowohl dem Individuum als auch einer Mehrzahl schöpferischer Menschen. Wenn nun eine schöpferische Mehrheit mit Mitteln der Technik ein Kunstwerk schafft, so kann der Werkcharakter doch nicht aus dem Grunde verneint werden, weil nur ein Individuum eine schöpferische Leistung vollbringen kann, oder weil Mittel der Technik angewendet wurden. Solche Einwände verschließen sich der Erkenntnis, daß gerade die Technik das Kunstschaffen aller Gattungen erheblich förderte. *Béla Balács* weist (aaO. S. 14) mit Recht darauf hin, daß die Technik der Kinematographie nicht zufällig gerade zu einer Zeit Gestalt annahm, „als auch andere geistige Produkte in den Herstellungsprozeß der Großindustrie überzugehen begannen. In jenen Tagen entstanden die ersten großen Verlagshäuser, die Konzertdirektionen, Zeitungstruste und auch der Großhandel mit Bildern. Die Industrialisierung geistiger Erzeugnisse im großen begann nicht beim Film. Der Film fügte sich jedoch in diese Entwicklung ein.“ Und *Wölker* bemerkt (aaO. S. 1) hierzu: „Das Bild und der Film sind zwei mächtige, auf die Massen wirkende Faktoren unseres Zeitalters. War es einst die Erfindung der Buchdruckerkunst, die Entwicklung einer besonderen Technik also, die dem schriftlich niedergelegten Wort einen epochemachenden Einfluß auf den Geist eröffnete, so war es wiederum die Technik, die kulturtragend in das geistige Gebiet eingriff, als sie sich befähigt zeigte, das bildhafte Element allgegenwärtig zu machen.“ Damit läßt die Technik die Anwendung neuartiger Ausdrucksmittel für eine bisher nicht gekannte Formgebung zu. Diese Schöpfungsmöglichkeit ist eine gradlinige Fortsetzung individueller Schaffensformen durch eine Mehrheit. Dieser

Form der Werkschaffung „durch organisierte Arbeitsgemeinschaft“, wie *de Boor* (ZAKdR 1935, 830) sie genannt hat, gilt es, bei der Normierung des Urheberrechts Rechnung zu tragen. Sie kann nicht mit den Maßstäben des auf die Einzelschöpfung zugeschnittenen Werkbegriffs erfaßt und eingeordnet werden. *Pfennig* sieht in dem Film ein Kunstwerk, das aus dem Zusammenwirken künstlerischer Schöpfung, Technik und Wirtschaft entsteht (ZAKdR 1935, 827 und Ufita Bd. 19 [1954] S. 178). Auch *Ruszkowski* und *Hoffmann* erkennen bereits 1936, daß die bisherigen Werkbegriffe für die nur durch eine Personenmehrzahl zu schaffenden Filme nicht gelten können. In jüngster Zeit hat *Roeber* dies erneut hervorgehoben und auf die Formgebung durch technische Mittel hingewiesen (Ufita Bd. 22 [1956] S. 1 ff.) [32a]). Die Schöpfungsmöglichkeit durch eine Personenmehrheit und technische Ausdrucksmittel ist für die Beurteilung des Filmwerkschaffens so wichtig, daß der Schaffensprozeß selbst noch einmal kurz dargestellt werden muß, wie er sich in der Praxis täglich immer wiederholt.

2. Wenn man den Arbeitsablauf in der Filmherstellung feststellen und sie in Zeitabschnitte zerlegen will, so findet man das, was heute als „Planung“ und „Produktion“ bezeichnet wird. Unter P l a n u n g versteht man die Stoffwahl, Erarbeitung von Manuskripten und parallel dazu Motivsuche, deren Ergebnis vielfach dem Drehbuch zugrunde gelegt wird. Daneben laufen die vorbereitenden organisatorischen Maßnahmen, wie Bildung des Produktionsstabes und Darstellerbesetzung, Finanzierung usw. Die P r o d u k t i o n selbst zerfällt in zwei Abschnitte, in die Bild- und Tonaufnahmen einerseits und die Bild- und Tonschnitte andererseits. Man kann also d r e i A r b e i t s p h a s e n i m S c h a f f e n s a b l a u f feststellen:

1. Erarbeitung des Filmstoffes von der Idee über Exposé, Treatment bis zum Drehbuch. Ergebnis: Drehbuch,
2. Darstellung und Formgebung des Stoffes durch Bild- und Tonaufnahmen. Ergebnis: Bild- und Tonmuster im Rohschnitt,
3. Formgebung durch Bild- und Tonschnitt (Auswahl und Anpassung der besten Bild- und Tonaufnahmen). Ergebnis: Bildband und Tonband in Feinschnitt.

Die Arbeitsphasen zu 1 und 2 und zu 2 und 3 überschneiden sich oder gehen ineinander über, je nach der Art des Aufnahmeverfahrens. Das ist tatsächlich aber auch rechtlich unerheblich, da beide der Formgebung angehören. Hieraus ist ersichtlich, daß die Schaffung

32a) Auch als Schrift erschienen: Heft 3 der Schriftenreihe der UFITA. — R o e b e r , Die Urheberschaft am Film. Baden-Baden 1956.

eines Filmwerkes sich zwar zeitlich und äußerlich trennen läßt, daß der Schaffensprozeß selbst aber tatsächlich und auch rechtlich eine fortlaufende Formgebung von der Idee bis zum fertigen Film enthält. Der Stoff selbst gehört ja auch zum Film. Ohne ihn ist ein Film undenkbar. Zu dieser Frage bemerkt *Hagemann* (aaO. S. 70) folgendes: „Die Filmidee bedarf ihrer sinnlichen Ausprägung in einem optisch-akustisch wahrnehmbaren Geschehen. Damit wird der ‚Stoff' zum unentbehrlichen Bestandteil der Filmgestaltung. Das Stoffliche gilt bei vielen Gestaltern und Zuschauern sogar als das wesentliche Aussage-Element, und nur in geistig oder künstlerisch anspruchsvollen Filmen tritt es hinter der Idee und der Formgebung zurück."

3. Wenden wir uns nun der Filmplanung, also der ersten Arbeitsphase im Schaffensprozeß, zu, so zeigt sich, daß sowohl beim Spielfilm als auch beim Dokumentar- und Kulturfilm ein Geschehen dargestellt wird. Dieser Handlungsablauf wird in der Regel — auch bei Kultur- und Dokumentarfilmen — in einem Manuskript fixiert, das nach Ausführlichkeit die Form eines Exposés, Treatments oder Drehbuches haben kann. Es gibt andererseits auch Bilder-Drehbücher, insbesondere zu Trickfilmen, die die Trickfiguren, Schauplätze usw. in Zeichnungen enthalten und die Handlungslinie des Filmes erkennen lassen. Vielfach wird der Handlungsablauf einzelner Teile auch im Schmalfilm fixiert. Das Drehbuch kann also ein Wort-Manuskript, Bild-Manuskript, wie auch ein Film-Manuskript sein. Wesentlich ist allen Ausdrucksformen des Manuskripts die Fixierung des Filminhalts.

Da aber das Drehbuch im urheberrechtlichen Streit eine besondere Rolle spielt, muß es von der Anlage und äußeren Form her etwas ausführlicher behandelt werden. Über Werdegang, Art und Form des Drehbuches gibt Gottfried *Müller* (aaO. S. 153) folgende zutreffende Darstellung:

„Das wichtigste ist einmal die Idee oder der Stoff. Die Idee liegt nackt in einigen Sätzen skizziert da. Der Stoff wird aus einem Roman oder Drama oder aus einem Tatsachenbericht herausgezogen. Das heißt, in Form eines Exposés von sieben bis zwanzig Seiten wird die Handlungslinie klar aufgebaut. Die Milieus sind angedeutet, die Bildmöglichkeiten noch nicht ausgeführt. Es enthält also die dramaturgische Konstruktion. Es gibt „Exposéautoren", deren Spezialität der dramatische Aufbau ist und die imstande sind, aus dem langweiligsten Roman dramatische Situationen herauszuziehen und Spannungen dazuzudichten. Der weitere Schritt ist die Anfertigung eines Treatments von etwa achtzig Seiten, in dem schon die Bildfolge ausgeführt ist. Alle Möglichkeiten des Filmes sind bereits im Ansatz vorhanden. Das Drehbuch fügt dann den Dialog, die akustischen, optischen Möglichkeiten und Ausführung der Bilder in Form von Kameraeinstellungen hinzu. Wenn eine Arbeitseinteilung

durchaus möglich ist, daß der Stoff von einem Dichter stammt, das Exposé von einem dramatischen Handwerker, das Treatment von einem Drehbuchtechniker, der zugleich eine optische und dramatische Begabung ist, und das Drehbuch selbst von einem Filmfachmann, der Schnitt, Regie, Kamera und Musik beherrscht und einen als Dialogbearbeiter dazubekommt, so kann theoretisch auch die ganze Arbeit von einem einzigen Mann, dem legendären Filmdichter, geleistet werden, den es noch nicht gibt, der aber durchaus in einer Filmakademie erzogen werden kann.

Im Drehbuch ist die linke Hälfte mit den optischen Anweisungen, die rechte mit den akustischen beschrieben. Wenn nichts gesprochen wird und nichts zu hören ist, bleibt die rechte Hälfte unbeschrieben. Ebenso die linke, wenn sich das Bild nicht ändert. Es gibt folgende Arten des Drehbuches:

1. Das Rohdrehbuch. Es ist das literarische oder Autoren-Drehbuch für den Plan des Films. Es enthält eine abstrakte literarische Einteilung in Einstellungen.

2. Das Regie-Drehbuch, mit genauer Regieanweisung während jeder Einstellung.

3. Das Produktions-Drehbuch, der genaue Produktionsplan des kommenden Films als das Resultat der schöpferischen Zusammenarbeit von Regisseur, Kameramann, Filmbildner und Tonmeister, enthält die hauptsächlichen technischen Anweisungen.

   Er setzt sich aus folgenden verschiedenen Drehbüchern zusammen:

   a) Das Einstellungsbuch des Kameramanns gibt Details der technischen Methoden, die bei jeder Einstellung extra angewendet werden. Ihre Zusammenfügung wird nicht berücksichtigt. Dies macht der Schnittmeister.

   b) Das Drehbuch des Filmbildners gibt vom Standpunkt der Kamera mittels Plänen und Dekorationen die Anweisung, wie dieselben in jeder Einstellung erscheinen müssen.

   c) Ein Zusammensetzungsschema für jede Einteilung.

   d) Technische Hinweise für das Zusammensetzungsschema. Das sind nicht Hinweise für das Schneiden, sondern für Blenden, optische Tricks, mittels derer die Einheit der verschiedenen technischen Bemühungen hergestellt wird. Der gemalte Prospekt, die Kulisse und der wirkliche Tisch sollen durch einen bestimmten Abstand der Kamera, durch eine bestimmte Einstellung oder Beleuchtung zu einer Einheit zusammengesetzt werden.

Das Produktionsdrehbuch enthält also alle Details für die Dreharbeit. Alle technischen Handgriffe, die einen künstlerischen Effekt erzielen, sind darin verzeichnet. Die künstlerische Arbeit an jeder Einstellung ist sakrosankt und unabänderlich in diesem Buch festgelegt."

Hieraus ergibt sich, daß allein das Rohdrehbuch für die rechtliche Betrachtung in Frage kommt. Während die anderen Arten der

Drehbücher mehr technische Weisungen zum Inhalt haben und mehr arbeitsmäßiger Art sind, enthält das Rohdrehbuch den literarischen Stoff und seine Gliederung in Kameraeinstellungen. Die Planung behandelt also die stoffliche Seite des Filmes von der Idee bis zum Beginn der sinnlichen Ausführung.

4. Verfolgen wir nun die Produktion, also die 2. und 3. Phase im Schaffensablauf, so kommen wir zur Formgebung selbst. Der Ausdruck „Produktion" ist offenbar auf das gewerbsmäßige Herstellungsverfahren zurückzuführen, das bei dem erforderlichen technischen und wirtschaftlichen Aufwand nicht mehr in einem Atelier oder in einer Werkstatt, sondern in einer (Traum-) Fabrik erfolgen muß. Die wirtschaftliche und volkswirtschaftliche Bedeutung der Filmherstellung rechtfertigen schon die Bezeichnung „Produktion", zumal das mit jedem Spielfilm verbundene Kostenrisiko nur tragbar ist, wenn dieses auf mehrere Filme einer Staffel oder mehrere Staffeln verteilt werden kann. Der nun einmal übliche und international gebräuchliche Ausdruck „Filmproduktion" darf nicht zu der Annahme verleiten, daß damit ein industrielles Massenprodukt auf den Markt gebracht wird, dem der Werkcharakter im Sinne des Urheberrechts zu versagen ist. Er darf auch nicht darüber hinwegtäuschen, daß trotz der Anzahl künstlerisch wertloser Filme, die jährlich hergestellt werden, der Film eine neue, bisher nicht gekannte Form der Kunst ist. *Hagemann* (aaO. S. 182) begegnet derartigen Einwänden und Vorbehalten mit folgendem Hinweis:

> „Niemand bestreitet, daß Wort und Ton neben banalen und niederen Zwecken auch der künstlerischen Aussage des Rohstoffes dienen können. Daß Jahr für Jahr Tausende von künstlerisch völlig wertlosen Filmen entstehen, beweist gegen die eigenständige und universale Sprache des Films nichts, denn auch Wortkunstwerke stellen unter den millionenfältigen Anwendungen der Wortsprache im Alltag, in Presse und Buch die seltene Ausnahme dar." (S. 184.) „Nicht selten hört man auch den Einwand, der Film ist das Produkt einer technischen Vervielfältigung, die in beliebig vielen Exemplaren erfolgen kann, ein Kunstwerk muß aber ein Original sein. Ist es denn aber anders mit dem Buch oder dem Notenblatt? Bestreitet man den Kunstwert von Holzschnitten und Kupferstichen, weil von ihnen Hunderte von Abzügen verfertigt worden sind, von denen keines ‚das' Original ist?"

Nur weil der Film in einem wirtschaftlichen und technischen Verfahren hergestellt „produziert" wird, versagt man ihm vielfach die Anerkennung einer Werkeigenschaft im urheberrechtlichen Sinne. Man übersieht, daß die Produktion nichts anderes ist als Formgebung mit Hilfe technischer Mittel. Hier wird der Film gestaltet,

d. h. er nimmt Form und Gestalt an. Der Stoff, der durch das Drehbuch gegliedert und fixiert ist, wird durch die filmeigenen Ausdrucksmittel des bewegten Bildes und des Tones gestaltet und mittels Bild- und Tonaufnahmegeräte aufgenommen. Das technische Verfahren sowie der Ablauf der Produktion interessieren hier nicht, so daß auf ihre Darstellung verzichtet werden kann. Daß die Formgebung mit den Bild- und Tonaufnahmen noch nicht abgeschlossen ist, stellt *Hagemann* (aaO. S. 57) wie folgt dar:

> „Der Gestaltungsprozeß ist aber mit der Fixierung der Einstellungen noch nicht beendet. Jetzt erst erfolgt die ‚Redaktion' des Materials, der Bildschnitt, die Auswahl dessen, was aus dem schon ausgewählten Rohmaterial für besonders wichtig oder zweckmäßig gehalten wird. Die Auswahl dieser Stücke, die Art ihrer ‚Aufmachung', ihre Reihenfolge, ihre Kontrastierung geben dem Film seine Akzente, seinen Charakter. Erst dann folgt das Einkopieren von Wort und Ton, von Musik und Geräusch, die Formulierung der Worte des Begleitsprechers." „Die Verbindung von Bild und Ton zu einer organischen Einheit, die bereits im Filmbuch festgelegt sein soll, wird technisch am ‚Mischpult' vollzogen, das die Bild- und Tonstreifen nebeneinander zur Darstellung bringt. Erst wenn der Feinschnitt des Bildbandes vollzogen und der Tonschnitt mit ihm auf dem gleichen Bildtonband vereinigt wurde, ist das Filmwerk vollendet." (168/69)

Urheberrechtlich bedeutungsvoll an der Produktion ist allein die Tatsache, daß ausschließlich hier die filmeigenen Ausdrucksmittel angewandt und die filmeigene Ausdrucksform gefunden wird. Der Filmstoff, der ja nur in einer Beschreibung vorliegt, erhält also erst in der Produktion die Form, die die gewollte Aussage herbeiführt. Die Formgebung des Filmes durch spezifische Ausdrucksmittel ist in dem Drehbuch nur mit Worten beschrieben, das ja — wie Hagemann und andere feststellen — nur ein Zwischenprodukt auf dem Wege von der Idee zum fertigen Film ist. Nur dieser darf als eigenständige Aussage bewertet werden. Wenn also der Film eine eigene Form mit einer artbezogenen Aussageweise hat, kann er diese nur in der Produktion erhalten [33]).

Somit bleibt festzustellen, daß sich das über drei Arbeitsphasen erstreckende Werkschaffen des Filmes nicht nur tatsächlich, sondern auch urheberrechtlich als eine ununterbrochene Folge schöpferischer Tätigkeit, als ein einheitlicher Schaffensvorgang darstellt, der von der ersten Idee bis zum fertigen Filmwerk reicht und der geistigen Substanz die filmeigene Form verleiht. Wenn eine

---

33) So im Ergebnis auch: Hoffmann JW 1936, 1501; Pfennig ZAKdR 1935, 828; Bull ebenda S. 838; Pintsch, aaO., S. 28; Werhahn Ufita Bd. 19 (1955) S. 194, GRUR 1954, 17; Roeber Ufita Bd. 22 (1956) S. 5 ff.; Friedlaender in: Steuer und Wirtschaft. 1955, S. 342; Berthold-Hartlieb, aaO., S. 33.

Idee durch bisher nicht bekannte Ausdrucks- und Formgebungsmittel der Technik zu einer neuen Form, dem Film, gestaltet wird, kann man dieser Form weder tatsächlich noch rechtlich die Anerkennung als Werk des Urheberrechts versagen. Was in tatsächlicher Hinsicht als ein einheitliches Ganzes angesehen wird, muß auch rechtlich als Einheit angesehen werden, wenn man dem Werkschaffen nicht Gewalt antun will.

An dieser Feststellung ändert auch die Tatsache nichts, daß an der Schöpfung eines Filmes eine Personenmehrheit beteiligt ist. Diese neue Werkform kann ja überhaupt erst durch die Verwendung neuartiger technischer Ausdrucks- und Formgebungsmittel und nur durch die Mitwirkung einer Personenmehrheit entstehen. Hier nützt der schöpferische Geist des Menschen die Mittel der Technik, die ja nicht Selbstzweck, sondern Mittel zum Zweck einer neuen Schöpfung ist. Wenn e i n Individuum solche möglichen Schöpfungen nicht erbringen kann, was ist dann natürlicher, als daß es sich mit anderen Individuen zu einer Mehrheit auch in materieller Hinsicht verbindet. Das tägliche Leben bietet seit Jahrhunderten unzählige Beispiele, und Lehre und Rechtsprechung haben diese Vielfalt normiert. Sie werden es weiter tun und sich der Entwicklung anpassen müssen. Nur die Urheberrechtslehre will die neuen Schöpfungsmöglichkeiten nicht wahrhaben, „weil nicht sein kann, was nicht sein darf". Die Filmwerke aber existieren und neben ihnen andere Werkformen, die ebenfalls von Personenmehrheiten mit Hilfe technischer Ausdrucks- und Formgebungsmittel geschaffen worden sind und weiter geschaffen werden: Hörspiele und Fernsehspiele, die durch Funk und auf Band verbreitet werden. Neben alten sind neue Formen der Aussage entstanden, denen auch der Gesetzgeber gerecht werden muß.

VI. Drehbuch und Film

Wie stehen nun Lehre, Rechtsprechung und die Entwürfe von 1932 bis 1954 zu dem Film? Es wurde bereits bei der kurzen Übersicht über die historische Entwicklung angedeutet, daß das geltende Recht durch die Novelle von 1910 die Ursache für die Zuordnung des Filmes zu den Schriftwerken gesetzt hat. Auf dieser Auffassung basieren noch viele Ansichten, die mit kleinen Abweichungen bis in die Gegenwart vertreten werden, obwohl der Film längst aus den dem Gesetzgeber von 1910 bekannten Kinderschuhen herausgewachsen ist. Wenn man nun die Kernpunkte der verschiedenen Auffassungen herausstellt, ergibt sich folgendes Bild:

Es sagen die einen:	Es sagen die anderen:
vom Werk	
Das Drehbuch sei schon der Film.	Das Drehbuch sei nur der Filmentwurf.
Der Film sei eine Vervielfältigung des Drehbuches.	Der Film sei eine Bearbeitung des Drehbuches.
Der Film sei ein Schriftwerk.	Der Film sei ein Werk eigener Art.
Der Tonfilm sei ein verbundenes Werk der Literatur und Tonkunst.	Der Tonfilm sei eine synchronistische Einheit von Ton und Bild.
Das Drehbuch enthalte das Werk, das Filmband sei lediglich Vervielfältigung.	Das Filmwerk entstehe erst während der Herstellung.
Die Filmmusik führe ein Eigendasein.	Die Filmmusik sei ein unselbständiger Bestandteil des Films.
Der Film sei eine Einheit nur in der Wiedergabe.	Der Film sei eine gestaltete Werkeinheit.
von der Urheberschaft	
Urheber bzw. Miturheber seien:	
a) Der Drehbuchautor.	Der Drehbuchautor sei nur Urheber des Drehbuches, nicht des Filmes.
b) Der Komponist.	Der Komponist sei nur Urheber der Filmmusik, nicht des Filmes.
c) Der Regisseur. d) Der Kameramann. e) Der Filmarchitekt. f) Der Cutter. g) Die Filmdarsteller.	Zu c) bis g): Sie seien als Filmschaffende nur Mitwirkende bei der Gestaltung, aber keine Urheber; ihnen ständen nur Leistungsschutzrechte zu. Urheber sei allein der Hersteller.
Urheber können nur natürliche Personen sein.	Urheber können auch juristische Personen sein.

Diese Gegenüberstellung der verschiedenen Auffassungen von Werkcharakter und Filmurheberschaft, die keinen Anspruch auf

Vollständigkeit hat, zeigt schon die Verwirrung, die die ersten Jahre der Kinematographie und die RBÜ von 1908 angerichtet haben. Es hatte den Anschein, als ob nun wenigstens eine einhellige Meinung sich dahin gebildet hätte, daß der Film ein urheberrechtliches Werk sei, das seinen Platz im Katalog der zu schützenden Werke (RBÜ 1948 Art. 2, Entw. 54 § 1) zu Recht einnehme. Bis vor wenigen Jahren war das auch der Fall. Nun hat aber *Ulmer* eine neue Theorie vom Filmwerk und vom Leistungsschutz des Films entwickelt und eingehend begründet. Da sie die Zustimmung einiger namhafter Urheberrechts-Wissenschaftler gefunden hat, muß nun auch noch einmal der Werkcharakter des Filmes untersucht werden.

1. Im Mittelpunkt des Streites um den Werkcharakter des Filmes steht das Drehbuch. Es bildet auch bei vielen Auffassungen den Ausgangspunkt für die Ermittlung des Filmurhebers. Wenn man nun die Bedeutung des Drehbuches in urheberrechtlicher Hinsicht prüft, so ist davon auszugehen, daß allein das Rohdrehbuch des Autors für diese Untersuchung in Frage kommt. Der Weg zu dem (Roh-)Drehbuch führt über das Exposé und das Treatment. Hierbei ist es gleichgültig, ob es sich um das Drehbuch zu einem „vorbestehenden Werk“ (Roman, Bühnenstück usw.) handelt oder um das Drehbuch eines eigens für den Film erfundenen literarischen Stoffes, der in der Fachsprache „Originalstoff“ genannt wird. Das Exposé vermittelt lediglich den Inhalt des Films. Das Treatment enthält schon die Handlungslinie, die dramaturgische Konstruktion und den Bildablauf. Sowohl bei „vorbestehenden Werken“ als auch bei „Originalstoffen“ müssen für größere Filme ein Treatment und ein Drehbuch erarbeitet werden. Das (Roh-)Drehbuch enthält eine abstrakte literarische Einteilung in Einstellungen für Bild und Ton, also auch mit Dialogen. Das Drehbuch ist nach Form und Ausdrucksweise nur für die Filmgestaltung zu gebrauchen. Exposé, Treatment und Drehbuch geben den Stoff in der Form und Ausdrucksweise der Literatur, also als Sprachkunstwerk, wieder. Sie sind also ihrer Form nach literarische Werke. Inwieweit Exposé und Treatment eines vorbestehenden Werkes in stofflicher Hinsicht als ein neues Werk anzusehen sind, ist eine Tatfrage, die nach künstlerischen Gesichtspunkten zu beurteilen ist. Rechtlich sind sie in jedem Fall zumindest eine Bearbeitung. Exposé und Treatment eines Originalstoffes dagegen enthalten einen neuen Stoff, der in das Drehbuch und in den Film eingeht. Auch nach der Bearbeitung zum Drehbuch und nach der Filmgestaltung bleiben Fabel und Form des Treatments erhalten. Es besteht tatsächlich und rechtlich als schutzfähiges Werk weiter, das

seine Selbständigkeit und Verkehrsfähigkeit ebensowenig verliert wie ein vorbestehendes Werk. Mit der Verwendung im Film verbraucht sich die (äußere) Form des Drehbuches, und zwar sowohl für den Stoff eines vorbestehenden Werkes als auch für den Originalstoff. Es geht in dem Film auf und erschöpft sich in literarischer und rechtlicher Hinsicht, da es in der gegebenen zweckbedingten Form anderweitig nicht mehr verwendbar ist.

Es ergibt sich also, daß Treatment und Drehbuch einer gesonderten künstlerischen und rechtlichen Behandlung zugänglich sind. Der Stoff (im Treatment) kann in verschiedenen Kunstgattungen verwendet werden, während das den Stoff enthaltende Drehbuch nur für den jeweiligen Film Bedeutung hat. Bei der Filmgestaltung aber gehören Stoff und Formgebung zueinander und sind nicht voneinander zu trennen, wenn man ihnen nicht Gewalt antut und einen künstlichen Schnitt dazwischenlegt. Wenn also das Werkschaffen des Filmes sich von der Idee bis zum fertigen Film erstreckt und damit die Erarbeitung von Exposé, Treatment und Drehbuch in den Schöpfungsvorgang miteinbezieht, so ergibt sich für die rechtliche Bedeutung der Manuskripte folgende Situation: Exposé und Treatment sind als literarische Werke anzusehen und genießen als solche unbeschränkten Urheberschutz.

Das Drehbuch ist zwar durch die Formung seiner Gedanken und die Ausdrucksmittel der Schrift rechtlich ebenfalls als Werk der Literatur anzuerkennen. Es weicht aber in seiner artbezogenen Ausdrucksweise, Formulierung des Gedankeninhalts und Gliederung so sehr von der üblichen literarischen Form ab, daß es keinen Leserkreis findet. Es hat daher fast ausschließlich die äußere Form eines Manuskripts im wahrsten Sinne des Wortes. Durch seine zweckbedingte und zweckgebundene Form ist schon von der Natur her eine Beschränkung insoweit gegeben, als ihm eine andere als filmische Verwertungsmöglichkeit fehlt. Jedes Drehbuch, gleichgültig, ob es nach einem vorbestehenden Werk oder nach einem Originalstoff geschrieben ist, entbehrt des sonst mit einem literarischen Werk verbundenen Zweckes der Vervielfältigung und Verbreitung. Es kann also schon aus diesem Grunde nicht als ein vollkommen selbständiges und unbeschränktes Werk anerkannt werden.

Diese Feststellung schließt freilich nicht aus, daß sein Autor Dritten gegenüber bei Rechtsverletzungen urheberrechtlichen Schutz für sein Werk in Anspruch nehmen kann. Aus dieser beschränkten Verkehrsfähigkeit folgt aber weiter, daß das Drehbuch Bestandteil der Filmgestaltung ist und von ihr nicht getrennt werden kann. Es ist daher verfehlt, das Drehbuch zum Ausgangspunkt rechtlicher Betrachtungen sowohl für den Werkcharakter als auch für die Filmurheberschaft zu nehmen. Der Film ist weder eine Vervielfältigung noch eine Bearbeitung des Drehbuches [34]). Dieses ist nur insofern eine Unterlage des Filmes, als es den Filminhalt in gegliederter Form enthält.

2. Rechtslehre und Rechtsprechung versuchen nun, den Film in das geltende Recht einzuordnen. Eine besonders früher von *Goldbaum, Marwitz-Möhring* und *Elster* vertretene Auffassung [35]) sieht in dem Film eine Vervielfältigung des Drehbuches.

Diese Theorie, die naturgemäß den Streit zur Folge hatte, ob es überhaupt „drehreife" Bücher gebe, geht davon aus, daß das Drehbuch bereits den Film enthalte. Es brauche nur abgedreht zu werden, um ein Film zu werden. Diese Theorie verkennt, daß der Film eigene Ausdrucksmittel hat, die von denen der Schrift und der Sprache grundverschieden sind. Wenn man schon von Vervielfältigung sprechen will, kann es nur der Inhalt sein, und der bringt nur das „Was", nicht aber das „Wie" des bewegten Bildes. Seine Form erhält der Film aber erst in der Produktion. Das bewegte Bild kann nicht mit den Worten der Sprache beschrieben werden. Dies hebt auch *Cocteau* [36]) mit folgenden Worten hervor:

> „Stellen Sie sich vor, welch ein Genie nötig wäre, um die Einzelheiten zu beschreiben, die ein solcher Film zeigt."

Die wohl am häufigsten vertretene Ansicht in der Lehre geht dahin, daß das Drehbuch lediglich eine Unterlage der Filmherstellung darstelle [37]).

Auch *Ulmer* sieht das Drehbuch als Entwurf für einen Film an, will dem Autor aber kein literarisches, sondern filmisches Urheberrecht zugestehen (GRUR 1955, 522). Dieser Auffassung von der Drehbuchunterlage kann grundsätzlich zugestimmt werden. Sie ist im Prinzip richtig, jedoch dahin zu erweitern, daß diese „Bildpartitur", „Unterlage", „Vorlage", „Vorschlag", „Vorform", dieser „Gestaltungsplan" oder „Entwurf", wie immer man das Drehbuch auch bezeichnen will, zum Schaffensvorgang des Films gehört. Der Stoff, den das Drehbuch in gegliederter Darstellung enthält, ist unent-

---

34) So auch Streicher, aaO., S. 101.

35) Goldbaum, aaO., S. 44, 87; Marwitz-Möhring, aaO., S. 44; Elster Ufita Bd. 6 (1933) S. 137; GRUR 1926, 463, ZAKdR 1936, 229; Voigtländer-Elster, aaO., 3. Aufl., S. 122, 138; Güldenagel GRUR 1943, 194.

36) Cocteau, Jean, Gespräche über den Film, Esslingen, 1953, S. 66.

37) Goldbaum, aaO., S. 18; de Boor ZAKdR 1935, 382, 830· Hoffmann JW 1936, 1501; v. Metzler GRUR 1952, 14; Pfennig ZAKdR 1935, 826; Roeber Ufita Bd. 16 (1943) S. 399, ZAKdR 1935, 832; Schlechtriem ZAKdR 1936, 714, u. a.

behrlicher Bestandteil der Filmgestaltung. Das Drehbuch ist nichts anderes als ein Zwischenprodukt auf dem Wege von der Idee zum fertigen Film (vgl. Hagemann aaO. S. 74). Die ablehnende Ansicht von *Berthold-Hartlieb* (aaO. S. 33) vermag nicht zu überzeugen. Die Möglichkeit, „durch Veränderung der inneren Form" denselben Stoff einer vielfachen Formgebung zuzuführen, schließt nicht aus, daß verschiedene Werke entstehen können, denn die Formgebung ist — wie sie richtig erkennen — eine schöpferische Leistung, Der von *Iros* (aaO. S. 47) für das Drehbuch verwendete Ausdruck „Bild-partitur" verleitet zu der Annahme, daß ebenso wie bei einem Orchesterwerk ein vollendetes Werk der Tonkunst, so auch beim Film ein vollendetes Filmwerk vorliegt. Wie noch darzulegen sein wird, sieht auch Iros in dem Drehbuch nur die schöpferische Grundlage, die noch der Formgebung bedarf.

Nach der herrschenden Meinung [38]) ist die Filmherstellung nicht als Vervielfältigung, sondern als „Bearbeitung" des Drehbuches im Sinne von § 12 II 6 LUG anzusehen. Bei dieser Auffassung kommt schon zum Ausdruck, daß das Drehbuch als eine Unterlage des Filmes noch in die filmische Form umgesetzt werden muß. Obwohl der Begriff der Bearbeitung am ehesten der Formgebung und damit einer Neuschöpfung gerecht wird, geht er doch von falschen Voraussetzungen aus. Das Drehbuch behandelt nur die stoffliche Seite des Filmes in der artbezogenen Gliederung, Darstellung und Ausdrucksweise der Schrift. Der Inhalt aber ist nur ein Teil der zu formenden Aussage. Zur Werkform gehören sowohl die Idee, also der Stoff, als auch die durch besondere Ausdrucksmittel erzielte Formgebung. Das Drehbuch ist kein selbständiges Kunstwerk, sondern Bestandteil der Filmgestaltung. Infolgedessen kann es nicht „bearbeitet" werden. Durch die zu Unrecht zwischen Drehbuch und Film gelegte Cäsur entsteht der Eindruck, als ob das Drehbuch und der Film zwei tatsächlich selbständige Kunstwerke seien. Das Drehbuch ist aber lediglich der stoffliche Beitrag in literarischer Form zum Werk einer anderen Kunstgattung. so daß für eine „Bearbeitung" kein Raum mehr ist. Daß das Filmwerk weder eine „freie Benutzung" noch eine „Bearbeitung" des Drehbuches ist, hat schon *Werhahn* (GRUR 1954, 18) hervorgehoben. Er bezeichnet die Herstellung als „Bearbeitung eigener Art" [38a]), weil er Drehbuch und Film nicht

---

38) Marwitz-Möhring, aaO., § 12 Anm. 14; Hoffmann JW 1936, 1501, Die Berner Übereinkunft, Berlin 1935, S. 226; Pfennig ZAKdR 1935, 827; Roeber, Das Filmrecht und die Frage seiner Reformbedürftigkeit, Berlin 1933, S. 22; de Boor ZAKdR 1935, 832; Benkard GRUR 1955, 162 u. a. m. — BGH vom 12. 2. 1952, GRUR 1952, 530;

38a) Der Ansicht von Werhahn schließen sich auch Berthold-Hartlieb, aaO., S. 34 an.

als zwei Entwicklungsstufen ein und desselben Werkes, sondern als selbständige, einander gleichberechtigt gegenüberstehende Schöpfungen ansieht. Werhahn braucht aber diese Trennung in Drehbuch und Film, um das alleinige Filmurheberrecht des Regisseurs darzutun, der — wie später darzulegen sein wird — ja auch nur in der Formgebung mitwirkt.

3. Welche Bedeutung die Filmlehre dem Drehbuch beimißt, geht aus den nachstehenden Äußerungen hervor: *Kutscher* (aaO. S. 140) stellt dazu folgendes fest:

> „Das Drehbuch ist nichts anderes als eine schriftliche Festlegung, eine Kontur des Filmgedankens, nicht schon Gestaltung. Es ist darum auch für den Regisseur nicht sehr verbindlich. Unter Spieltexten ist kein größerer Unterschied als zwischen einer Opernpartitur und einem Drehbuch. Die Opernpartitur gibt die Festlegung und Beziehung des Ausdrucks bis ins einzelne. Das Drehbuch gibt einen Gesamtvorgang, der als bewegtes Bild erschöpfbar ist, es zeigt nur filmische Zentren auf und filmische Folgen."

Und *Groll* (aaO. S. 69) äußert sich wie folgt:

> „Das Filmmanuskript aber ist nur ein Vorschlag, der filmische Möglichkeiten bietet. Diese Möglichkeiten zu nutzen, ist Sache des Regisseurs. Erst in ihrer sinngemäßen Ausnutzung wird ihr Gesetz sichtbar. Da der Film eine optische Kunst ist, kann das Filmmanuskript, das noch über keine konkreten Bilder verfügt, nur andeuten. Es schlägt gleichsam für eine bestimmte Handlung auf dem Weg über das Drehbuch eine bestimmte Bildfolge vor. Es hat diese Bilder aber noch nicht erschaffen, während das Drama Dialog und szenischen Rhythmus bereits erschuf, die nun nach ihrer bühnenmäßigen Umsetzung verlangen. Das Filmbild wird aber erst in der vom Regisseur und dem Kameramann gefundenen Einstellung und Bildwahl endgültig, der Rhythmus erst durch den vom Regisseur vorgenommenen oder veranlaßten Schnitt der Bildstreifen. Nicht der Manuskriptverfasser hat die Bilder und den Rhythmus geschaffen. Er hat nur eine Skizze entworfen, die Bild und Rhythmus ermöglichen. Nicht der Manuskriptverfassere ist also der Schöpfer des Kunstwerkes, sondern der Mann, der die Bilder sichtet und ihnen den Rhythmus gibt: der Regisseur."

Wenn Groll hier den Regisseur als den Schöpfer des Filmes herausstellt, so spricht er zweifellos die gestaltungsmäßige, die formgebende Seite von dessen Tätigkeit an. Er übersieht hierbei aber, daß für die rechtliche Beurteilung des Schöpfungsvorganges noch weitere Gegebenheiten zu berücksichtigen sind, auf die bei der Frage der Urheberschaft noch einzugehen ist. *Hagemann* (aaO. S. 74) untersucht die Bedeutung des Drehbuches mit folgendem Ergebnis:

> „Das Buch ist ja kein selbständiges künstlerisches Erzeugnis wie der Text eines Dramas, sondern ein Zwischenprodukt auf dem Wege von der Idee zum fertigen Film, und nur dieser darf als eigenstän-

dige Aussage bewertet werden. Wenn daher heute gelegentlich Drehbücher veröffentlicht werden, so hat dies nur den Wert eines Hilfsmittels, nicht aber der Vervielfältigung eines selbständigen Werkes. Das Buch gibt Auskunft über das Was des Stofflichen, aber erst Regie, Darstellung, Kamera, Licht, Schnitt bestimmen das Wie der Gestaltung. Das Buch ist demnach nur eine Vorform des künftigen Films. Da wir also keine ‚Filmschrift' außer dem fertigen Film selber besitzen — ähnlich ist der Kunsttanz auf Improvisation und ständige Neugestaltung angewiesen — bleibt das Drehbuch nur Behelf und Anhaltspunkt. Niemals kann es ein selbständiges Werk sein wie das Textbuch der Bühne, das dem Leser eine Rekonstruktion der wesentlichen Bestandteile der dramatischen Vision des Verfassers erlaubt."

Zu dem gleichen Ergebnis kommt *Gutbrod* [39]):

„Dazu kommt, daß er (der Autor) mit dem Drehbuch in Wirklichkeit kein selbständiges Kunstwerk schafft, sondern nur die Voraussetzungen dazu. Béla Balács irrt, wenn er die Meinung vertritt, daß man eines Tages Drehbücher lesen werde wie Dramen oder Romane. Das Drehbuch ist nur Mittel zum Zweck, Vorstufe zum Kunstwerk Film. Daran ändert auch die Tatsache nichts, daß — besonders in Rußland — einzelne Drehbücher in Buchform herausgegeben und verkauft werden."

Auch für *Iros* ist die Bildpartitur nichts anderes als die Fixierung der dichterischen Grundlage, die erst mit der sinnlichen Ausführung der Gestaltung zu einer Einheit wird. Den selbständigen Kunstwert einer Bildpartitur lehnt Iros ausdrücklich ab (aaO. S. 167).

Zu dem gleichen Ergebnis kommen auch *Schmidt-Schmalenbach-Bächlin* (aaO. S. 16 ff): „Das Drehbuch ist kein selbständiges Kunstwerk, wird nicht gelesen, ist Vorstufe zum Kunstwerk Film." Sie unterscheiden beim Drehbuch die „Bild-Partitur", die „Dialog-Partitur" und die „Geräusch-Partitur". Zur letzteren zählen sie auch die Filmmusik.

Merkwürdigerweise sieht *Béla Balács* (aaO. S. 279) in dem Drehbuch eine eigene literarische Kunstform genau wie beim geschriebenen Drama, weil es eine der Arbeit von Dichtern würdige literarische Form ist, die ohne weiteres als Lektüre in Buchform publiziert werden kann. Wenn Balács hierin recht hätte, würden Dichter der Gegenwart für literarische Arbeiten sicher schon die Form des Drehbuches gewählt haben, ohne Rücksicht darauf, ob sie für einen Film verwendet werden würden. Anlage, Aufbau und Formulierung eines Drehbuches erfordern zweifellos hohe schöpferische Fähigkeiten, aber die Form selbst ist trotz des literarischen Wertes immer nur eine Zweckform, die nur für die Gestaltung des Filmes, nicht aber für einen allgemeinen Leserkreis Bedeutung hat. Dies erkennt auch

---

[39]) G u t b r o d, Kurt Hanno, Von der Filmidee zum Drehbuch in: Das Manuskript, München 1954, S. 536.

Balács selbst, wenn er beim Vergleich vom Theaterstück und Drehbuch zu folgendem Ergebnis kommt:

> „Der Film saugt jedoch (im Gegensatz zu den wiederholbaren Aufführungen eines Theaterstückes) in den meisten Fällen das Drehbuch völlig auf, so daß es nicht mehr von neuem und auch nicht anders gedreht werden kann; es hat somit, nachdem es gedreht wurde, seine Bedeutung als gleichsam hinter dem Film bestehendes und von diesem unabhängiges Werk verloren. In den meisten Fällen ist es als literarische Schöpfung unzugänglich. Es ist noch keine weitverbreitete Gepflogenheit, Drehbücher als Lektüre herauszugeben."

Das Filmschrifttum ist also überwiegend der hier vertretenen Auffassung, daß das Drehbuch lediglich Grundlage und damit Bestandteil der Formgebung ist und nicht als selbständiges Kunstwerk angesehen werden kann.

VII. Musik und Film

Die Ausführungen über das Verhältnis Drehbuch und Film gelten in gleicher Weise für Musik und Film. Während dem Streit um das Drehbuch bisher eine mehr theoretische Bedeutung zukommt, hat sich die Musik im Film eine Stellung erobert, die für das tägliche Leben ganz erhebliche Auswirkungen zur Folge hat. Das Reichsgericht hat mit seiner bekannten Tonfilmentscheidung RGZ 140, 231, ein von der Filmvorführung getrenntes Aufführungsrecht für die Filmmusik anerkannt mit dem Ergebnis, daß die Kinotheater für jede Vorführung Musiktantiemen an die GEMA zahlen müssen. Es ist daher geboten, auch noch einmal auf die Bedeutung der Musik im Film näher einzugehen [40]).

Seit es den Film gibt, hat er sich mit der Musik verbunden. Nun gab es allerdings nicht von Anbeginn eine Filmmusik im heutigen Sinne. Es war eine Kinomusik, die ursprünglich von dem Klavierspieler eines Kinos, später von einem kleinen Salonorchester [41]) und gegen Ende der Stummfilmzeit von Orchestern mit oft 50—100 Musikern in den Filmpalästen gespielt wurde. Zu dieser Zeit wurde die Kinomusik eigens für den Stummfilm komponiert und im Kino aufgeführt. Wenn der Komponist für derartige Musikaufführungen Tantiemen erhielt, so war das gerechtfertigt. Zwar wurde in der ersten Tonfilmzeit die Musik nach dem gleichen Prinzip komponiert, aber nun auf dem Filmband fixiert, doch war die Tonfilmvorführung mit Musik nicht mehr die Aufführung der Kinomusik. Es wurde, wenn auch zögernd, zum Bild und zur Bildfolge kompo-

---

40) Vergl. hierzu auch: Haeger, Ufita, Bd. 22 (1956), S. 59.

41) Wie eine Kinomusik alten Stils aussah, hat Arnheim, aaO., S. 306, festgehalten.

niert und mit der Sprache und Geräuschen dem Bildteil angepaßt. Damit hat aber die ursprüngliche Kinomusik ihren Charakter und auch ihr selbständiges Aufführungsrecht verloren. Wenn vorbestehende Musik im Film verwendet wird, muß sie in jedem Falle für den Film, d. h. für die einzelnen Bildfolgen und Szenen, komponiert und ihnen angepaßt werden.

1. Dies hatte *Stindt* schon 1923 erkannt, wenn er für die Kinomusik des Stummfilms folgende Forderungen aufstellte:

> „Vielmehr muß der gute Film seine eigene Musik haben, deren Klangwellen im selben Takt wie die Lichtwellen seiner Laufbilder atmen." (aaO. S. 47); „Ein Tonschöpfer, der sich nicht nebenordnet und Hand in Hand mit den anderen Kräften arbeitet, ist unfähig, einen Film zu vertonen, denn Kunst ist Zucht, nicht Gesetzlosigkeit. Und Filmmusik soll nicht nur plaudern, sondern mit dem Rhythmus der Bildfolge zusammen auf die Zuschauer einwirken. Bilder und Töne sollen in wechselseitigem Bestreben unser Empfinden lockern und erschüttern." (S. 50 f.)

Es ist bemerkenswert, daß diese vor mehr als 20 Jahren aufgestellten Grundsätze auch für die heutige Tonfilmmusik in vollem Umfang gelten. Daß es sich bei der Filmmusik um Maßarbeit zum Bildteil handelt, bestätigen namhafte Filmkomponisten. Hierzu sei auf die Äußerung des bekannten Filmkomponisten Hans Martin *Majewski* verwiesen [42]). Die gleiche Ansicht vertritt Hanns *Eisler* [43]), wenn er folgendes feststellt:

> „Fundamental ist die Tatsache der Synchronisierung: Es muß auf Punkte hin musiziert werden. Die Zeitverhältnisse müssen bis ins kleinste Detail übereinstimmen." (aaO. S. 111); „Es kommt vor allem auf die äußerste Genauigkeit der musikalischen Konstruktion vom Detail bis zum Ganzen an. Die Musik muß wie ein Uhrwerk gearbeitet sein. Die Kunst des Komponisten besteht darin, all die minutiösen, oft sehr divergierenden Details in einen musikalischen, sinnvollen Zusammenhang zu bringen."

Eisler legt in einer gründlichen Arbeit die Funktionen und die dramaturgische Bedeutung der Filmmusik sowie das Kompositionsverfahren dar. Es kann also kein Zweifel bestehen, daß in der

---

42) Zitiert bei: Karsten Detlof, Die Sprache des Films. Seebruck 1954. S. 32: „Die Filmmusik ist in ihrer Entstehung besonderen, durch Technik und internationale Entwicklung bestimmten Gesetzen unterworfen, die vor den allgemeinmusikalischen rangieren. Diese Musik ist nicht immer identisch mit dem „Schlager", doch kann auch dieser sehr zeitgemäß, dem Filmthema angemessen und voll echter Gefühlswerte sein, die denen des Films vollkommen entsprechen. Die Filmmusik muß eine Arbeit nach Maß sein. Ob reine Illustrationsmusik oder Leitfaden der Handlung im „Musikfilm", immer ist es eine Arbeit, die in sehr kurzer Zeit, im Auftrage und nach der Stoppuhr geliefert werden muß und dem Film einen abgerundeten Eindruck sichern soll. Der Komponist ist gezwungen, die eigentliche Musik mit List und Tücke in den Film hineinzustehlen, weil er in einer ständigen Auseinandersetzung mit dem Geschmack des Publikums und dem des Produzenten, der seinen Geschmack den Pegelstand des Publikumsgeschmackes zu nennen beliebt, steht."

43) Eisler, Hanns, Komposition für den Film, Berlin 1949, S. 110.

Mehrzahl der Fälle die Musik zum Bildgeschehen komponiert wird. Sie ist damit ein dramaturgisches Gestaltungselement und verliert ihr selbständiges Dasein, weil sie zum wesentlichen Bestandteil des Filmes geworden ist. Dies bestätigen auch die Urteile namhafter Kritiker und Wissenschaftler. *Kutscher* (aaO. S. 146/47) führt hierzu aus:

> „Die Musik war im Stummfilm zuerst nur ein Nothelfer gegen das Geräusch des Apparats, gegen die Stille und das Dunkel des Vorführungsraumes. Sie wuchs sich aber bald aus zu einer Zutat, die man im Spiel des Technischen nicht gern entbehren mochte, weil sie gleichzeitig das Geschaute bezeichnen und den Zuschauer in Stimmung setzen konnte. Im Gegensatz zu der älteren, von außen herangebrachten Musik entwickelte sich langsam eine für den Film geschaffene. Der Weg von hier zur filmeigenen Musik war nicht weit. Der Tonfilm macht, wie zu erwarten war, zunächst einen Rückschritt. Man konnte sich gar nicht genugtun mit richtiger, mit ‚musikalischer' Musik. Filmeigene Musik begann mit der Erkenntnis, daß oft das Lied und der musikalische Ausdruck näherliege als das Wort. Es galt im Tonfilm, filmisch zu musizieren, Musik zu machen ohne Eigengesetzlichkeit und (trotzdem) mit musikalischen Werten. Diese Werte liegen wie die der Sprache im Tonfilm in der Unterordnung, in der Beziehungsnahme und Angleichung. Es trat jetzt für die Musik im Film derselbe Fall ein wie vorher für die Musik im Schauspiel."

Groll (aaO. S. 99 und 111) kommt zu dem gleichen Ergebnis:

> „Eigengesetzliche Musik ist im Film unmöglich, denn das Bild kann ihre Wirkungsgesetze nur schwächen. Filmmusik ist nicht die Verbindung von reinem Film mit reiner Musik, also von Gattung mit Gattung, sondern ein Teil der durch das filmische Gattungsgesetz bestimmten optisch-akustischen Gestaltung. Film ist nicht vermischendes Gesamtkunstwerk, sondern selbständige Kunst mit klaren Formen und klaren Grenzen. Die Filmmusik als Gesamtbegriff entsteht nicht aus den Gesetzen der reinen Musik, also einer Kunstgattung, die mit Film nichts zu tun hat, sondern aus den optischen Gesetzen des Films. Sie bleibt ein Bestandteil des Akustischen wie Wort und Geräusch. Sobald die Musik eintritt in den Film, verliert sie ihren künstlerischen Eigenwert und dient nur noch dem Eigenwert des Films." [43a)]

Hierzu noch ein Zitat von *Hagemann* (aaO. S. 162), der in seinen „Filmstudien" die Funktion der Musik besonders eingehend untersucht hat:

> „Die Inhalts- und Begleitmusik wird fast immer nachgestaltet, weil die Bedingungen für die gleichzeitige Aufnahme meist ungünstig sind und die Begleitmusik ohnehin nicht im Bilde erscheint. Die Tonaufnahme durchläuft demnach, sowohl technisch wie zeitlich, einen eigenen Werdegang. Erst mit der endgültigen Mischung von Bild und Ton entsteht der Organismus des fertigen Filmwerkes."

Wie der Filmgestalter von hohen Graden, Jean *Cocteau* mit der Filmmusik umgeht, sagt er in „Gespräche über den Film" (S. 55/56):

[43a)] Ebenso auch: S c h m i d t - S c h m a l e n b a c h - B ä c h l i n aaO. S. 19.

„Ich vertausche die Stellen der Musikstücke. Diese Methode habe ich seit dem ‚Blut eines Dichters' befolgt, wo ich die Musiken sämtlicher Szenen von ihrer Stelle gerückt und durcheinandergeschoben habe. Nicht allein gab dieser Kontrast dem Bild Relief, sondern es kam auch vor, daß diese „verschobenen" Musiken sogar allzu eng mit den Gesten zusammengingen und absichtlich dafür geschrieben schienen. Für ‚La belle et la bête' wurde die Musik von Georges Auric unmittelbar nach dem Bild komponiert. Im ‚Orpheus' also nahm ich mir gegen meinen Mitarbeiter die respektlosesten Freiheiten heraus. Ich registrierte seine Musik ohne Bilder (nach dem Chronometer) und verlegte zum Beispiel das für die komische Szene der Heimkehr geschriebene Scherzo auf die Verfolgung durch die verödete Stadt. Es kommt noch besser. Ich registrierte die Klagen der Eurydike von Gluck und benutzte sie für die Radiomusik des Landhauses, schnitt die Musik von Auric mit dem ersten Eintritt von Heurtebise bei Eurydike, und da ich bemerkte, daß die erste und letzte Note von Gluck mit dem ersten und dem letzten Bild dieser Szene zusammenfielen, zog ich billigen Vorteil aus diesem kleinen Wunder."

Zum Schluß sei noch eine Äußerung von Ulrich *Dibelius*[44]) angeführt, die auch diese Erkenntnisse von der Bedeutung der Musik für den Film bestätigt:

„Der Film braucht die Musik. Und sie leistet ihm um so bessere Dienste, je weniger sie Lückenbüßer für dialoglose Stellen, schablonisierte Illustration oder gefällig-dekorative ‚Musiktapete' ist. Vielmehr muß sie eine dramaturgische Funktion im Gesamtablauf der Handlung erfüllen. Sie muß sich anpassen und unterordnen, ohne daß sie sich dadurch etwa ihre Rechte auf kompositorische Eigengesetzlichkeit beschneiden ließe. Und sie muß bei allem, was sie unternimmt, in ständiger Korrespondenz zu den beiden übrigen Elementen des Films leben, zum Bild und zum Dialog."

2. Diese Zitate belegen, daß die Musik ein dem Filmbild dienendes Ausdrucksmittel ist. Sie kann keinen Anspruch auf Eigenständigkeit erheben und muß das Primat dem Bilde einräumen, dem sie schon von der Komposition her zugeordnet wird[45]). Diese Tatsache wird jeder verantwortungsbewußte und ehrliche Filmkomponist auch ohne weiteres einräumen.

In rechtlicher Hinsicht gilt für die Komposition das gleiche wie für das Exposé, Treatment und Drehbuch. Auch hier kann man die gleiche Trennungslinie zwischen vorbestehender Musik und eigens für den Film erfundener Originalmusik ziehen[46]). Die vorbestehende

---

44) Süddeutsche Zeitung, 1956, Nr. 162, S. 35.

45) So auch S t r e i c h e r , aaO. S. 46.

46) Die von S t r e i c h e r , aaO. S. 26 vorgenommene Dreiteilung der Verwendung von Musik in Filmwerken weicht von der bisherigen Zweiteilung ab und führt leicht zu Mißverständnissen, da er die Originalmusik in zweierlei Bedeutung verwendet. Sowohl vorbestehende Musik wie Originalmusik werden zu einer Zweck-Filmmusik, da sie immer für den Film bearbeitet werden müssen. Ebenso wie vom „Original-Stoff" sollte man von „Original-Musik" nur reden, wenn sie eigens für den Film erfunden wird.

Musik muß dem Bild und dem Filmablauf angepaßt und ergänzt, d. h. „bearbeitet“, werden. Hierzu bemerken *von Boehmer-Reitz* [47]) schon 1933 folgendes: „Die Versuche, vorhandene Musik unverändert filmisch aufzunehmen, sind ebenfalls fehlgeschlagen. Wenn in größeren Spielfilmen heute vorhandene Musik verwendet wird, so geschieht das mit ganz wesentlichen Umarbeitungen.“

Die Originalmusik bedarf in gleicher Weise der Zuordnung und Anpassung an das bewegte Bild und die Bildfolgen. Die Filmmusik muß auf Punkte hin komponiert werden. *De Boor* formuliert dies bereits 1935 zutreffend wie folgt:

> „Die Musik geht in die Filmschöpfung ein, wird ein Teil derselben, und ist nun also in ihrer ursprünglichen Qualität verändert, sie ist bearbeitet worden.“ (ZAKdR 1935, 832).

Gegenüber den Manuskripten besteht ein Unterschied darin, daß bei diesen unter Umständen mehrere Autoren beteiligt sind, während der Komponist allein arbeitet und meistens auch noch die Musikaufnahme leitet. Diese Tatsache ändert an der rechtlichen Beurteilung nichts. In jedem Falle handelt es sich bei der Filmkomposition um eine schöpferische Leistung, um ein Werk im urheberrechtlichen Sinne. Dem Notenwerk kommt daher die gleiche rechtliche Bedeutung zu wie dem Exposé, Treatment und Drehbuch.

Die Komposition ist in gleicher Weise wie der Stoff einer anderweitigen Verwendung fähig und zugänglich, allerdings auch erst wieder nach neuer musikalischer „Bearbeitung“. Die Filmmusik ist dem Film als Ganzem, als einer in sich geschlossenen Einheit zugeordnet. Sie begleitet Bild und Bildablauf ganz oder in großen Teilen. Bild und Ton werden aufeinander abgestimmt und sind eine rhythmische Einheit durch Komposition, Aufnahme und Wiedergabe. Infolge dieser unlöslichen Verbindung mit dem Bild verliert die Filmmusik ihr Eigendasein und ihre Selbständigkeit. Sie ist unselbständiger Bestandteil der gestalteten Filmeinheit geworden [48]). *v. Boehmer-Reitz* stellten hierzu aaO. S. 97 fest:

> „Die Musik bildet beim Tonfilm einen mehr oder minder wichtigen Bestandteil des Gesamtfilmes, da sie immer nur dann verwendet wird, wenn aus der Handlung heraus ein Anlaß dazu besteht.“

---

47) Boehmer-Reitz, Der Film in Wirtschaft und Recht, Berlin 1933, S. 93.

48) So auch Streicher, aaO. S. 178.

Rechtlich hat dies zur Folge, daß sich das Notenwerk der Filmmusik in seiner zweckbedingten und zweckbestimmten Form erschöpft hat, und daß das Musikwerk ebenso wie das Drehbuch tatsächlich und rechtlich unselbständig ist. Die Komposition einer Filmmusik ist also grundsätzlich ein nur beschränkt verwertbares Musikwerk, was nicht ausschließt, daß sie zu einem neuen Werk verwendet, d. h. bearbeitet werden kann.

VIII. Zum Werkcharakter des Films

Nach § 15a KUG kann ein Film unter bestimmten Voraussetzungen als eigentümliche Schöpfung und damit als Werk angesehen werden. Diese aus der RBÜ von 1908 stammende und 1910 in das KUG eingefügte Bestimmung konnte naturgemäß nicht die durch die filmtechnische und gestaltungsmäßige Entwicklung hervorgerufenen rechtlichen Fragen a priori lösen. Infolgedessen nahm die Rechtslehre sich dieses Problems an, um den rechtlichen Charakter des Filmes zu klären. Hierbei wurden, wie nicht anders zu erwarten, die verschiedensten Theorien aufgestellt.

1. Die sog. pluralistische Theorie geht davon aus, daß der Film ein Schriftwerk und der Tonfilm eine Werkverbindung eines Werkes der Literatur mit einem Werk der Tonkunst sei. Während der Stummfilmzeit bestand kein Zweifel an dem Schriftwerkcharakter des Filmes. Er wurde zu den literarischen Werken gerechnet, zumal § 12 II 6 LUG das Schriftwerk als Ausgangspunkt der bildlichen Darstellung betrachtete, das „seinem Inhalt nach im Wege der Kinematographie" wiedergegeben werde. In der ersten Spielfilmzeit von 1903—1908 wurden, wie oben dargelegt, literarische Stoffe vielfach zum Vorwurf für Filme genommen. Es waren noch Originalwerke, die das LUG im Auge hatte. Drehbücher wurden erst etwa 10 Jahre später geschrieben, als die Filme infolge der größeren Länge höhere Herstellungskosten verursachten. So ist es verständlich, daß dem Film ein Schriftwerkscharakter beigemessen wurde, zumal man in der damaligen Zeit auch von „Kinodramen" sprach. So kam es zu der auch heute noch gern zitierten Entscheidung des Kammergerichtes. Der Feststellung des KG in JW 1922, 1457, daß der Film (damals noch Stummfilm) ein Schriftwerk mit anderen Ausdrucksmitteln sei, folgt auch *Goldbaum* (aaO. S. 21). Der Entw. 32 zählt in § 2, Abs. 1, Ziff. 4 die „Werke der Kinematographie", worunter er auch den Tonfilm versteht, zu den Werken der Literatur. Der Schriftwerkscharakter des Filmes wird in der Folgezeit

besonders von *Elster* (3. Aufl. S. 37) und auch noch von *Kleine* (4. Aufl. S. 19) vertreten. Sie berufen sich hierbei auf KG in JW 1922, 1457, da die Art der „schriftlichen" Niederlegung für den Schutz gleichgültig sei. Zu Unrecht bezieht sich Elster auf Art. 14 Absatz 2 RBÜ von 1928, wo es heißt: „Den gleichen Schutz w i e Werke der Literatur oder Kunst genießen selbständige kinematographische Erzeugnisse . . ." Elster folgert aus dem für beide Werkgattungen gewährten gleichen Schutz, daß der Film selbst ein Schriftwerk sei. Auch Kleine bedient sich dieser Argumentation (S. 19) und folgt Elster auch in der Beurteilung der Formgebung. Sie meinen, daß die „Formgebung nicht nach Äußerlichkeiten beurteilt werden, also nicht auf die Eigenart des Ausdrucksmittels abgestellt werden darf, sondern auf die geistig-künstlerische Formgebung des Schriftwerks". Auch *Runge* (aaO. S. 257) vertritt noch den Schriftwerkcharakter der Filmwerke, wobei auch er sich auf das Urteil des KG in JW 1922, 1457 und die Entwürfe 32 und 39 beruft. Es überrascht doch etwas, daß gerade Elster die Ausdrucksmittel des Filmes nicht erkennt und für die Formgebung allein den literarischen Inhalt des Filmes für maßgebend erachtet, um so mehr, als gerade Elster (3. Aufl. S. 19 ff.) sich eingehend mit den Essentialien eines Werkes: Idee, Formgebung und Ausdrucksmittel, auseinandersetzt, wie es auch Runge (aaO. S. 18 ff.) tut.

Wir haben gesehen, daß die Ausdrucksmittel des Filmes von denen des Schriftwerkes grundverschieden sind. Das bewegte Bild — das nicht einmal die Sprache zu beschreiben vermag —, verbunden mit den akustischen Ausdrucksmitteln von Sprache, Naturgeräuschen und Musik, steht als eine neue, einzigartige Ausdrucksform der Sprache oder Schrift gegenüber. *Hagemann* bezeichnet mit Recht die Sprache des Films als eine völlig neuartige Aussageweise, die in ihrer Tragweite für die Menschheit nur mit der Entstehung der Wortsprache und der Schrift verglichen werden kann. Durch ein Schriftwerk spricht der Dichter das Individuum, seine Leserschicht, an, die das Werk in stiller Zurückgezogenheit liest. Der Film aber wendet sich an die Masse, die das bewegte Bild in mehr oder weniger großer Gemeinschaft erlebt. Es ist also nicht nur die grundverschiedene Ausdrucksform, die absolut keinen Vergleich von Schriftwerk und Film zuläßt, sondern auch eine völlig andere Aussage- und Erlebensweise beider Kunstgattungen. Dies unterstreicht *Iros* (aaO. S. 183) mit folgenden Worten:

„Der Film i s t Dichtung, nicht Darstellung irgendwelcher Art im gattungsmäßigen Sinne der Bühnendarstellung beider Arten. Soweit er gestisch oder wortsprachlich darstellt, bildnerisch baut und musiziert, sind ihm Darstellung, Bauten und Musik Material für die in sich selbständige, souveräne Filmkomposition; er nimmt ihnen, soweit er sie verwendet, das Eigenleben und verleiht ihnen dafür filmische Existenz. Dieses Merkmal verleiht der Filmkunst den Rang einer selbständigen Kategorie: *der Kategorie der Filmkunst.*"

Der Film hat also mit einem Schriftwerk nichts mehr gemein, auch wenn ihm ein literarisches Werk zugrunde liegt. Hierauf wies *Friedemann* schon 1928 hin (UFITA Bd. 1 [1928] S. 341):

„Der Film dagegen ist nicht die Wiedergabe des Schriftwerkes, sondern eine neue Schöpfung, in die das Schriftwerk nicht einmal mit der ihm eigenen Ausdrucksform, sondern bloß mit seinem Inhalt und auch dieser nur teilweise und oft kaum erkennbar eingeht."

2. Die Theorie von der Werkverbindung wurde aufgestellt, als es galt, den Tonfilm in das geltende Recht einzuordnen. Für den Stummfilm gab es § 15a KUG und § 12 II 6 LUG. Der Tonfilm war dem Gesetzgeber von 1910 noch unbekannt. So ging es um die Streitfrage, ob auch der Tonfilm ein Film im Sinne dieser Bestimmungen sei. Die überwiegende Meinung der damaligen Zeit ging dahin, daß auch der Tonfilm ein Film im Sinne von § 15a KUG sei, aber als solcher unter § 12 II 6 LUG falle [49]). Diese Auffassung fand Eingang in den Entwurf 32 und war offenbar mitursächlich für die Entscheidung des Reichsgerichts vom 5. 4. 33 (RGZ 140, 231), das hiermit die 1922 in RGZ 107, 62 getroffenen Feststellungen über den Charakter des (Stumm-) Films verläßt. Das RG lehnt jedoch die Anwendung von § 12 II 6 LUG auf den Tonfilm ab und erblickt in der Vertonfilmung eine „Bearbeitung eigener Art". Obwohl es den Tonfilm als organisch durch den Schöpfer gewollte Verbindung von Bild und Ton charakterisiert, lehnt es ihn als eine nach allgemeinen Grundsätzen zu beurteilende Werkschöpfung ab. Es anerkennt die Befugnis auf die gleichzeitige Mitteilung der in organischem Zusammenhang stehenden bildlichen und akustischen Wiedergabe, spaltet aber im gleichen Atemzug diese Befugnis rechtlich in eine solche zur alleinigen bildlichen und zur alleinigen akustischen Wiedergabe. So sieht das RG im Hinblick auf den Entw. 32 in der Vertonfilmung die Bearbeitung eines literarischen Werkes und eines Tonkunstwerkes, wobei es getrennte ausschließliche Aufführungsrechte der Urheber dieser Werke anerkennt. Ebenso wie das RG in 140, 231, verkennt *Runge,* daß der Film keine Verbindung eines Werkes der Literatur mit einem Werk der Tonkunst sein kann. Die Subsumtion neuer Lebensvorgänge unter bestehende Rechtsnormen,

---

49) Hoffmann JW 1929, 1179 ff.; Elster Ufita Bd. 2 (1929) S. 255 ff.; Roeber Ufita Bd. 4 (1931) S. 270 ff.; Caro Ufita Bd. 4 (1931) S. 105 ff. und Pintsch, Horst, Das Urheberrecht am Tonfilm, Leipzig 1938.

wie Runge es will, muß nicht immer zu dem richtigen Ergebnis führen. Auch *Kleine* (aaO. S. 20), *Ulmer* (Urheber- und Verlagsrecht, S. 103) und *Troller*[50]) folgen der Auffassung vom Film als einem verbundenen Werk im Sinne von § 5 LUG, wobei Ulmer allerdings das LUG nur für entsprechend anwendbar hält (S. 94). Offenbar ausgehend von § 5 LUG, der für Oper, Operette und Singspiel normiert wurde, sieht der Entw. 32 nur in dem Sprech-Bildfilm in der Regel eine untrennbare Einheit. Den Musik-Bildfilm dagegen faßt er nicht als einheitliches Ganzes, sondern als die Verbindung zweier verschiedener Werke auf, nämlich als die Verbindung eines Werkes der Literatur mit einem Werk der Tonkunst. Obwohl *Runge* (aaO. S. 260) unter dem Einfluß von Iros die Bedeutung der Musik als eines ergänzenden und dienenden Gestaltungselements erkennt, folgt auch er der Auffassung des Entwurfs 32 in vollem Umfange, wenn er hervorhebt:

> „Was aber für die Oper gilt, muß auch für den Tonfilm i. e. S. gelten, denn es besteht kein Anlaß, Opern, Operetten, Singspiele usw. rechtlich unterschiedlich zu behandeln, je nachdem, ob die Aufführung auf der Bühne oder im Filmatelier stattfindet oder etwa ein Bühnenvorgang gefilmt wird."

Die gleiche Ansicht vertreten neuerdings auch noch *Berthold-Hartlieb* (aaO. S. 15).

De Boor weist in ZAKdR 1935, 830 mit Recht darauf hin, daß man allenfalls für die Oper dem Verfasser des Textes und dem Komponisten getrennte Urheberrechte zuerkennen könne, für den Tonfilm sei dies aber unmöglich. Die Ansicht *de Boors* verdient volle Zustimmung. Eine Opernmusik kann als in sich geschlossene Werk- und Wirkungseinheit auch in einem Konzertsaal aufgeführt werden. Die Filmmusik ist in ihrer ganzen Anlage und Anpassung so sehr dem Bildteil zugeordnet, daß sie ohne weitere Bearbeitung keine Aufführungsfähigkeit erlangt. Den Vertretern der Werkverbindungstheorie muß weiter entgegengehalten werden, daß es zahlreiche Tonfilmwerke nur mit Sprache und Geräuschen gibt, wo die Musik ausschließlich den Charakter und die Funktion eines Geräusches hat. Daß derartige Filmwerke Tonfilme sind, wird man nicht bestreiten können. Vergeblich wird man aber danach Umschau halten, welche verschiedenartigen Gattungen man nun zu einem Werk verbinden kann.

---

50) Troller Alois in: Schweizerische Mitteilungen für gewerblichen Rechtsschutz und Urheberrecht, 1954, S. 164.

3. Es hat den Anschein, als ob die Auffassung vom Film als einer Werkverbindung auch darauf zurückzuführen ist, daß bei einem Spielfilm die Darstellung des Filmgeschehens im Atelier als Aufführung eines literarischen Werkes angesehen wird. Die Aufführung im Atelier sei nichts anderes als die Aufführung auf einer Bühne, die man auch auf Filmband fixieren könne [51]). Wer die Darstellung des Filmgeschehens im Atelier rechtlich als Aufführung ansieht, urteilt wohl nur von der Theorie her. Die Aufführung eines Bühnenstückes dauert mit der üblichen Pause etwa 2 bis 3 Stunden. Ein abendfüllender Spielfilm hat eine Vorführdauer von etwa 1½ Stunden. Die „Aufführung" eines Drehbuches in einem Filmatelier erstreckt sich über Wochen oder Monate; sie erfolgt nicht fortlaufend vom Anfang bis zum Ende, sondern — nach Bildern oder Schauplätzen geordnet — in einzelnen Szenen oder Einstellungen von 3 — 120 Normalfilmmetern, die einer Vorführdauer von 12 Sekunden bis 4 Minuten entsprechen. Bei den Aufnahmen wird jede Einstellung häufiger wiederholt, und nur die beste wird für den Schnitt ausgewählt.

> „Für einen Film von 2500 m Länge sind durchschnittlich 2000 Aufnahmen erforderlich, von denen etwa 500 verchiedene ausgesucht und zusammen‚geschnitten' werden. Beim Zusammensetzten werden die einzelnen Aufnahmen wiederum zerschnitten und untereinander gemischt, so daß z. B. eine Szene zwischen zwei Personen von verschiedenen Blickpunkten aus in abwechslungsreicher Unterbrechung gezeigt wird. Auf diese Weise werden aus den 500 ausgesuchten Filmteilen etwa 1500 Schnitt- und Klebestellen." (*Liebeneiner*, aaO. S. 10)

Hieraus erhellt zur Genüge, daß man von einer „Aufführung im üblichen Sinne" im Atelier überhaupt nicht sprechen kann. Was dort erfolgt, ist Gestaltung, ist ein Teil der Formgebung des Films.

Nur die Unkenntnis der Gesetze der Filmgestaltung kann zu dem Gedanken führen, daß man ein Bühnenstück auf der Bühne filmen kann. Gewiß — man kann den Bühnenvorgang in Bild und Ton synchron auf Filmband fixieren, aber dies ergibt dann kein Filmwerk im künstlerischen Sinne, sondern ein in bewegten Bildern fotografiertes Bühnenstück. Zu dieser Frage stellt *Groll* (aaO. S. 77) folgendes fest:

> „Die reine Verfilmung (eines Dramas) aber ist künstlerisch unmöglich, sie ist in diesem reinen Sinne niemals geglückt, trotz unzähliger Versuche, und sie wird auch niemals glücken."

---

[51]) Runge, aaO., S. 261; Elster, aaO., 3. Aufl., S. 138; Kleine, aaO., 4. Aufl., S. 85, 89.

Iros (aaO. S. 498) bestätigt diese Auffassung wie folgt:

„Man kann aber nicht ein wortsprachliches Werk in Bildsprache übersetzen, ohne seinen Inhalt, seine Form, seine Struktur und seine Architektur umwälzend zu ändern. Dies würde die Aufpfropfung gattungsfremder Elemente auf ein filmisches Gebilde bedeuten.“

Abgesehen davon, daß dieses Bühnenstück den Rahmen der üblichen Filmlänge von ca. 2500 m sprengen würde, erwartet man von einem Film, daß er mit filmischen Ausdrucksmitteln gestaltet ist. Weil gefilmtes Theater kein Filmwerk ist und sein kann, entbehrt auch der Hinweis auf die „Filmung“ eines Bühnenwerkes jeder Berechtigung. So kann also der Vergleich der Filmdarstellung mit einer Bühnenaufführung weder tatsächlich noch rechtlich zu irgendwelchen Erkenntnissen führen oder gar die rechtliche Begründung zu einer Werkverbindung von Werken der Literatur und der Tonkunst geben. Die Theorie von dem Tonfilm als einer Werkverbindung kann somit nicht anerkannt werden. Nach den über den Film gewonnenen künstlerischen und wissenschaftlichen Erkenntnissen kann man den Film nur als ein Kunstwerk einer eigenen Gattung behandeln. Ein Werk, das mit arteigenen Ausdrucksmitteln in einer arteigenen Form zu einer Einheit gestaltet wird, kann dann auch rechtlich nicht mehr als Zweiheit gedeutet werden. Wer noch Zweifel an der künstlerischen Einheit hat, möge sich einmal den Bildteil eines Tonfilmes ohne Ton und sodann den Tonteil ohne Bild vorführen lassen. Er wird dann erkennen, daß weder das eine noch das andere allein ein selbständiges schöpferisches Werk ist und daß Bildteil oder Tonteil allein künstlerisch und rechtlich nicht als selbständige Werke bestehen können.

4. Vielfach hört man auch die Meinung, die Musik könne auch vom Filmband ohne den Bildteil aufgeführt werden. Daher sei es gerechtfertigt, der Filmmusik ein getrenntes Aufführungsrecht zu geben. So auch *Erich Schulze* [52]) der damit noch ein weiteres Argument für die Richtigkeit der Tonfilmentscheidung des Reichsgerichts von 1933 erbringen will. Hierzu ist festzustellen, daß man die Tonfilmmusik allein nur von der Positivkopie eines Filmes, der überhaupt keine Sprache und kein Naturgeräusch enthält, vorführen kann. Da es schon seit Jahren ausgesprochene Musik-Tonfilme ohne Sprache oder Geräusch nicht mehr gibt — weil sie einfach unfilmisch sind —, ist eine Musikaufführung allein vom Filmband wohl möglich, aber technisch und akustisch völlig unzulänglich. Reine Musik — ohne Sprache und Geräusche — kann man auf Filmband nur vom „Mischband“ aufführen, das aber lediglich Arbeitsmaterial in der Hand

52) Das deutsche Urheberrecht an Werken der Tonkunst und die Entwicklung der mechanischen Musik. Berlin 1950, S. 34; und ebenso auch Berthold-Hartlieb, aaO., S. 15.

des Tonmeisters im Atelier ist und Musik nur in den Passagen enthält, die zu dem Bildteil gehören. Bei einer solchen Mischbandvorführung wechseln Musik und Stille ab. Zudem wird heute vorwiegend schon vom Magnettonband gemischt, so daß es ein Lichtton-Musikband kaum noch gibt. Selbst wenn eine solche Musikaufführung also möglich ist, wird sie in der Praxis schon aus technischen Gründen nicht vorkommen. Durch die Umspielung auf Lichtton gehen die hohen Frequenzen über 8000 Hertz verloren. Sie kann in der Qualität niemals vollwertig sein und ist nicht einmal einer Magnetton-Musikaufführung vergleichbar, geschweige denn einer Originalmusik. Trotz der entgegenstehenden Ansicht von *Berthold-Hartlieb* (aaO. S. 15/16) muß doch sehr ernstlich bezweifelt werden, „daß die Filmmusik trotz ihrer Einblendung in den Film und ihrer dramaturgischen Aufgabe auch allein ohne den Bildstreifen aufgeführt werden kann." Was man in einem solchen Falle hört, sind bestenfalls Musikgeräusche, aber keine Musik in künstlerischem Sinne. Selbständig verwertbar ist die Filmmusik immer erst nach neuer Bearbeitung. Man frage einmal die Filmgestalter und mache die Probe aufs Exempel bei mehreren Filmen. Das Ergebnis wird dieser Behauptung und der Theorie vom selbständigen Aufführungsrecht der Filmmusik den Boden entziehen. Auch wenn für jeden Film eine andere Musik komponiert werden kann, rechtfertigt diese Tatsache noch nicht die Anerkennung eines gesonderten Aufführungsrechtes für die Filmmusik. Berthold-Hartlieb übersehen bei ihrer Argumentation, daß die Musik einem Film in jedem Falle besonders angepaßt werden muß, und daß die Formgebung durch und mit Hilfe von Musik in Verbindung mit dem Bildteil zu einer anderen Werkform führt. Die von ihnen aaO. S. 14 geäußerte Auffassung: „Die Filmmusik stellt in jedem Falle nur eine mechanische Vervielfältigung eines Tonkunstwerkes dar", ist weder tatsächlich noch rechtlich haltbar, da nicht allein die Filmmusik, sondern der Film in seiner in sich geschlossenen Werk- und Wirkungseinheit vervielfältigt wird. Das aber ist die „kombinierte Kopie".

5. Bei der Untersuchung des Werkcharakters sind nun viele Vertreter der Lehre und zum Teil auch die Rechtsprechung zu dem Ergebnis gekommen, daß der Film eine gestaltete Werkeinheit sei [53]). Die Vertreter dieser von Elster begründeten „Einheitstheorie" wollen

---

53) Elster Ufita Bd. 2 (1929) S. 271; Hoffmann, Ein deutsches Urheberrechtsgesetz. Entwurf eines Gesetzes. Berlin 1933, S. 28, JW 1936, S. 1501 ff.; de Boor ZAKdR 1935, S. 830; Roeber ebenda S. 834; Pfennig ebenda S. 827; Caro Ufita Bd. 4 (1931) S. 134 ff.; Roeber ebenda 55 ff.; Bull ZAKdR 1938, 838; Ruszkowski Ufita Bd. 9 (1936). S 169; Streicher, aaO., S. 65.

den Film auch als rechtliche Einheit behandelt wissen, während Elster selbst in dem Film nur eine künstlerische Einheit sieht.

Es spricht für die tiefe Einsicht und das Verständnis des Reichsgerichts, wenn es 1922 in RGZ 107, S. 62 ff. feststellt:

„Der Film hat seine eigenen Gesetze, die nicht bloß optischer Art sind. Was der Streifen enthält, ist aber nicht — wie beim Buch — allein das Geisteserzeugnis des Verfassers der Urschrift."

Das Reichsgericht erkannte also schon 1922, daß es mit dem Film eine eigene Bewandtnis habe. In der Folgezeit hat besonders *Hoffmann* die künstlerische und auch rechtliche Einheit des Filmes vertreten. Er sieht im Tonfilm eine „synchronistische Einheit von Ton und Bild" und fordert in seinem Entwurf eines deutschen Urheberrechtsgesetzes (1933) die Behandlung des Filmes als rechtliche Einheit. Die von Hoffmann gegebene Begründung für die Werkeinheit kann auch heute nicht besser formuliert werden. In ihrer Abstraktion der rechtlich-relevanten Schaffensvorgänge kann sie jedoch nur von jemand als richtig erkannt und gewürdigt werden, der den Film nicht nur aus gelegentlichen Kinobesuchen, sondern aus dem Schaffensprozeß und der Beschäftigung mit dem Film kennt. Hoffmann weist mit Recht darauf hin, daß der Drehbuchautor und der Komponist nur Beiträge zu einem Filmwerk leisten und daß diese Beiträge in dem mit neuen Formungsmitteln hergestellten Film untergehen, also rechtlich unselbständig sind. Auch *Roeber* (ZAKdR 1935, 834) sieht in dem Tonfilm eine „synchronistische Werkeinheit" und fordert im Hinblick auf die Eigenbedingtheit des Filmes die Anerkennung einer eigenen Werkgattung für Werke des Filmschaffens, weil „die optischen und akustischen Vorgänge zu einer untrennbaren Einheit verschmelzen."*De Boor* (ebenda S. 830) erhebt die Forderung, daß ein Filmrecht aus der Eigenart des Films entwickelt wird. Auch für ihn „entsteht aus Bild, Wort und Musik eine Einheit eigener Art, die etwas anderes als die Summe ihrer Teile ist, und die also auch unter ein einheitliches Recht gefaßt werden muß." *Pfennig* (ebenda S. 827) stellt fest, daß der Film als Kunstwerk aus allen Einzelleistungen der am Film Mitwirkenden entsteht, und daß er gegenüber der Einzelleistung etwas Neues und anderes ist. Es sind dies alles grundsätzliche, tatsächliche und rechtliche Erkenntnisse von entscheidendem Gewicht, die ihren Niederschlag in den Entwürfen von 39 und 54 gefunden haben. Die Einheit des Films hebt *Elster* nochmals in der 3. Aufl. des Kommentars S. 38 hervor, wenn er von „Synchronismus von Bild und Ton", von der „Wirkung des Synchronismus" und von dem Film als „einheitliches Gebilde" spricht. Auch *Runge* (aaO. S. 260) und *Berthold-Hartlieb* (aaO. S. 7, 15, 32) erkennen den Film künstlerisch und technisch als „besondere Kunstform" an. Beide versagen dem Film jedoch die Anerkennung als rechtliche Einheit. *Ulmer* (Urheber- und Verlagsrecht, S. 94) sieht in dem Film eine „Werkgattung besonderer Art", für die „wesenseigene Gesetze" gelten. In GRUR 1955, 520 stellt Ulmer klar, was er darunter versteht: „Der Film ist ein Werk besonderer Art, er ist mehr als ein gewöhnliches Werk, weil er nicht geistige Schöpfung allein, sondern weil er künstlerisch realisierte geistige Schöpfung ist." Eine Einheit sieht Ulmer nur in der Wiedergabe von Bild und Ton. Auf die Ulmersche Theorie wird später noch näher einzugehen sein. In jüngster Zeit haben sich besonders *von Metzler* (GRUR 1952, 96) und *Werhahn* (GRUR 1954, 16 ff., Ufita Bd. 22 [1956] S. 42 ff.) für die Anerkennung der Filmwerke als einer besonderen Kunstgattung ausgesprochen.

Die Einheitstheorie verdient volle Zustimmung. Sie erkennt mit Recht, daß der Film — mit arteigenen Ausdrucks- und Formgebungsmitteln geschaffen — als künstlerische Einheit gestaltet ist und von der Gesamtwirkung her als solche empfunden wird. Diese Theorie zieht mit Recht daraus die Folgerung, daß eine künstlerische Einheit auch einer rechtlichen Einheit gegenüberstehen muß. Ebenso wie ein Werk der klassischen Kunstgattungen als einheitliches und rechtlich selbständiges Werk angesehen wird, muß man den gleichen Schutz auch einem Filmwerk zugestehen. Es ist seiner Natur nach weder künstlerisch noch rechtlich teilbar. Die schöpferischen und künstlerischen Leistungen werden so intensiv mit-, durch- und untereinander verbunden, daß die tatsächliche und auch rechtliche Selbständigkeit verlorengeht. Nur Rechtstheorie und -konstruktion können in die künstlerische Einheit eine Trennungsline legen, die aber immer eine theoretische bleiben muß, da sie bei der Mannigfaltigkeit und dem unterschiedlichen Wert und Umfang der schöpferischen Leistungen eine eindeutige rechtliche Trennung und Bewertung der einzelnen Leistungen nicht zuläßt. Daher können auch Sonderrechte, wie z. B. Aufführungsrechte, nicht abgespalten werden und nicht allein bestehen.

6. Da das Verhältnis Filmwerk — Filmband schon häufiger zu falschen Rückschlüssen Anlaß gegeben hat, müssen ihm noch einige Worte gewidmet werden. Das Filmwerk selbst übt seine einheitliche Wirkung durch die kombinierte Wiedergabe von Bild und Ton aus. Das Werk als solches ist zwar existent, aber nicht erkennbar; es ist im Filmband fixiert und wird erst durch die Vorführung wahrnehmbar. Ohne Filmband ist ein Filmwerk unmöglich. Das

Filmband — ob Negativ oder Positiv — enthält das Filmwerk; dieses ist in dem Filmband verkörpert, das Filmband ist also Träger des Filmwerkes und damit sind Filmband und Filmwerk unlöslich miteinander verbunden. Wenn man den Film als künstlerische Einheit und als Werk im urheberrechtlichen Sinne anerkennt, kann man hiervon nicht das das Werk verkörpernde Filmband abtrennen und es einem besonderen Schutzrecht mit geringerer Schutzwirkung unterstellen. Der Ansicht von *Roeber* (Ufita, Band 22 [1956] S. 34), daß das Filmwerk lediglich im Filmnegativ enthalten sei, kann man nicht folgen. Abgesehen davon, daß dasselbe Filmaufnahme-Material (Negativ — schwarzweiß) im Umkehrwege zu einer vorführfähigen Positivkopie verwandelt werden kann, läßt sich ein Schwarzweiß-Negativ nicht öffentlich vorführen. Der Zuschauer würde die Werte umgekehrt auf der Leinwand sehen. Schwarz würde als weiß und weiß als schwarz erscheinen und ebenso die entsprechenden Graustufen. Für das Farbfilmmaterial versagt diese Ansicht vollends, da hier für Negativ und Positiv vielfach Komplementärfarben verwendet werden, die schon von der Fabrikation her aufeinander abgestimmt werden müssen.

An der Feststellung, daß Filmwerk und Filmband untrennbar sind, ändert auch nichts die Tatsache, daß der Film in einer beliebigen Anzahl von Kopien verbreitet wird. Das Original-Bild- und Tonnegativ — ebenso auch das Umkehr-Original — entsprechen dem Manuskript im Buchvertrieb und erlauben ebenso wie der Drucksatz die Herstellung jeder beliebigen Kopienauflage, die als Werkstücke dem Rechtsverkehr zugänglich sind. Wenn die Ansicht von Roeber richtig wäre, würde das Filmwerk mit dem Verlust des Originalnegativs auch als Werk verlorengehen, selbst wenn noch Positivkopien vorhanden sind. Auch von diesen kann man bei einigermaßen technischer Qualität noch über Duplikatnegative weitere Positivkopien herstellen, ebenso wie man Werke der Literatur vervielfältigen kann, wenn davon nur noch ein einziges Werkstück vorhanden ist. Schon hieraus erhellt die unlösliche Verbindung von Filmwerk und Filmband.

Die Eigenart und Beschaffenheit des im Filmband verkörperten Filmwerks gestatten es nicht, jedem allein eine besondere rechtliche Regelung angedeihen zu lassen. Die Filmkopie ist genau so ein Werkstück wie ein Buchexemplar. Sie ist in gleicher Weise dem Rechtsverkehr zugänglich wie vervielfältigte Werke der Literatur, der bildenden Kunst und der Tonkunst. Daß Normal- oder Schmalfilmkopien von Spielfilmen üblicherweise nicht im Handel erhältlich sind, liegt an den hohen Kopienkosten und dem Mangel an

Vorführgeräten. Die Tatsache des gewerblichen Filmvertriebs und die Vorführung im Filmtheater darf nicht zu der Annahme verleiten, daß das Filmband eine Ware sei, die nur vermietet wird und daher eines geringeren Schutzes bedarf als das Filmwerk selbst. Die hohen Produktionskosten eines Filmes erfordern die Auswertung auf breitester Basis zu kleinsten Preisen. Daß im übrigen Filmkopien, besonders von Kurzfilmen, wie Bücher behandelt werden, mag daraus entnommen werden, daß überall in der Welt Filmarchive, Filmotheken und Filmlibraries, meistens im Schmalfilmformat 16 mm, und auf nichtgewerblicher Grundlage bestehen.

7. Hier muß auch noch zu der immer wieder vertretenen Auffassung Stellung genommen werden, daß der Film lediglich Fotografieschutz nach § 15a LUG genieße, wenn er eine Aneinanderreihung von Fotografien sei und nur Vorgänge des Naturgeschehens des Jahresablaufs in zeitlich bestimmter Folge bringe. (Vgl. BGH in GRUR 1953, 301 und Ref.-Entwurf 54 § 72.) Die Fälle des reinen Fotografieschutzes beschränken sich auf Ausnahmefälle, die urheberrechtlich ohne jede Bedeutung sind und keinerlei Beziehung zum Film als einer gestalteten Werkeinheit haben. Als solche sind denkbar: Fotografien eines biologischen Vorganges mit feststehender Kamera und gleicher Brennweite, also eine „Geradeaus-Fotografie", bei der keinerlei filmische Ausdrucks- und Formgebungsmittel angewendet werden. Hier handelt es sich in der Tat nur um eine fotografierte laufende Bildfolge auf Filmband. Sie kann immer nur eine einzelne Szene beinhalten.

Bei der Betrachtung der filmischen Ausdrucksmittel wurde festgestellt, daß nicht nur der Bildinhalt, sondern auch Kameraeinstellung, Bildwahl, Bildausschnitt und Bildfolgen Mittel der Aussageweise und Ausdrucksform sind. Eine solche Bildgestaltung durch Totale, Halbtotale, Halbnah- und Großaufnahme ist schon ein Teil der Formgebung, die durch den Bildschnitt vollendet wird. Wenn aber derartig beschriebene Bildfolgen durch den Bildschnitt und die Montage zu einer wechselhaften Bildfolge zusammengestellt werden, so handelt es sich bereits um filmische Formgebung, um eine eigentümliche Schöpfung. Es ist aber das Bestreben jeder Filmgestaltung, dem Film die ihm eigene Form zu geben, auch wenn der Stoff durch einen natürlichen Ablauf oder Rahmen gegeben ist. Dies bestätigt *Wölker* (aaO. S. 3) mit folgenden Worten:

„In dem, was wir glauben, einen Film noch nennen zu dürfen, steckt ein Minimum eines ästhetischen Faktors. Wo dieser ästhetische Gesichtspunkt völlig fehlt, würden wir deshalb nicht mehr von einem Film in unserem Sinne sprechen. Es wäre also kein Film in diesem Sinne, wenn eine festmontierte Kamera ein mimisches Geschehen für wissenschaftliche Zwecke fixiert, dagegen wäre es schon als Film zu bezeichnen, wenn mehrere mimische Aufnahmen unter filmgestalterischen Gesichtspunkten, sei es kontrastierend, sei es gleichlaufend, gereiht würden. Es wäre kein Film, wenn registrierend ein Gebäude aufgenommen würde, dagegen wäre es ein Film, wenn nach einer bestimmten Zeit des Ablaufs dieses Streifens hinter einem der Fenster des Gebäudes das Licht anginge, also ein filmisches Mittel mit einem, wenn auch leisesten Hauch ästhetischer Zielsetzung spielend eingesetzt würde."

Es ist also festzustellen, daß auch Kulturfilme, die ein Naturgeschehen mit filmischen Ausdrucks- und Formgebungsmitteln wiedergeben, als echte Filmwerke anzusehen sind. Dokumentarfilme erfüllen ohnehin die Voraussetzungen eines Filmwerkes. „Ein Film, wie er in Lichtspielhäusern vorgeführt wird", sagt Wölker (aaO. S. 2), „ist immer schon selbst ein höchstkomplexes geistiges Produkt der Filmkunst."

8. Erfreulicherweise zeigt sich in den amtlichen Entwürfen zur Urheberrechtsreform eine Entwicklung, die zur Anerkennung des Films als Werk einer besonderen Kunstgattung führen soll. Der Entwurf 1932 sieht in dem Film noch ein Werk der Literatur (§ 2 Abs. 1 Ziff. 4). Er unterscheidet noch zwischen Stumm- und Tonfilm und läßt den Tonfilm nur insoweit als Werk der Literatur gelten, als sich der akustische Teil auf den literarischen Inhalt des Filmes bezieht. Der Entwurf 32 spaltet den Tonfilm allerdings noch auf, indem er den Musik-Tonfilm als Verbindung eines Schriftwerkes mit einem Tonkunstwerk ansieht und getrennte Urheberrechte des Schriftstellers und Komponisten anerkennt.

Der Entwurf von 1939 (Akademie-Entw.) sieht den Film bereits als Werk einer besonderen Gattung, soweit er eine Schöpfung eigenpersönlicher Prägung ist (§ 1 Abs. 2 Ziff. 4). Interessant und zutreffend ist die im Akademie-Bericht Seite 47 gegebene Begründung:

„Die künstlerische Entwicklung auf dem Gebiete des Filmes in seinen verschiedensten Erscheinungsformen zwingt dazu, das Filmwerk als eigene Kategorie urheberrechtlich geschützter Werke anzuerkennen, und zwar auch dort, wo das Filmwerk unter Benutzung eines anderen Werkes, insbesondere eines literarischen Werkes, geschaffen ist."

Der Entwurf verläßt damit die Auffassung des Entwurfs 32 von dem Tonfilm als einer Werkverbindung.

Auch der Ref.-Entwurf 54 behandelt den Film als Werk einer besonderen Kunstgattung, wenn es ihn in § 1 Abs. 2 Ziff. 4 im Katalog der zu schützenden Werke aufführt. Hierzu sagt er in der Begründung Seite 80:

„Diese Auffassung (daß alle wesentlichen schöpferischen Leistungen bereits im Drehbuch enthalten seien und daß durch die bloße Verfilmung des Drehbuches kein neues Werk entstehen könne), dürfte dem Wesen des Filmes nicht gerecht werden, weil hierbei die entscheidende Rolle verkannt wird, die das bewegte Bild im Film spielt. Die Umwandlung der im Drehbuch beschriebenen Vorgänge in die bildliche Darstellung stellt einen eigenen schöpferischen Akt dar und läßt ein neues Werk entstehen. Es kann das im Filmstreifen verkörperte Werk nur als einheitliches Werk angesehen werden, das je nach seiner Ausgestaltung durch Bild und Ton dem Gebiet der Literatur, der Tonkunst oder der bildenden Künste zugehört."

Es zeugt von einem tiefen Verständnis für das Wesen des Filmes, wenn der Ref.-Entwurf 54 zu diesem Ergebnis kommt. Zu seiner Schlußfolgerung über die Zugehörigkeit zum Gebiet der Literatur, der Tonkunst oder der bildenden Künste muß jedoch bemerkt werden, daß der Entwurf hiermit nur die inhaltliche Zugehörigkeit meinen kann. Unabhängig von dem Filminhalt, der natürlich verschiedenartigen Kunstgattungen angehören kann, bleibt aber die Form des Filmwerkes als die einer eigenen Kunstgattung bestehen.

Wenngleich die Entwürfe 32, 39 und 54 den Film als Werkschöpfung anerkennen, so zeigt sich bei näherer Betrachtung doch, daß die vorgesehenen Regelungen dem Schöpfungsvorgang in keiner Weise gerecht werden. Die Entwürfe haben erkannt, daß für den Film Sonderregelungen gegenüber dem bisherigen Urheberrecht getroffen werden müssen, einfach aus dem Grunde, weil die Praxis diese im Wege des Vertragsrechts herbeiführte, oft sehr zum Nachteil der mitwirkenden schöpferischen und künstlerischen Mitarbeiter. Sie haben aber in Verkennung des Wesens dieser neuen Kunstform versucht, den Film in das bisherige System des Urheberrechts einzuordnen, ohne der künstlerischen Einheit auch eine rechtliche Einheit gegenüberzustellen. Jedes Kunstwerk muß aber nach Art, Anlage, Ausführung und Wirkungsweise als eine in sich geschlossene Einheit angesehen werden, da die beabsichtigte Aussage ja auch nur durch ihre Gesamtwirkung erreicht wird. Was aber in Idee, Ausdrucksmittel und Form eine Einheit ist und von jedermann als Ganzheit empfunden wird, kann auch rechtlich nur als eine Einheit, als ein einheitliches Werk behandelt werden. Insoweit werden auch die bisherigen Entwürfe dem Film als Werk nicht gerecht.

9. In diesem Zusammenhang muß auch noch die RBÜ kurz betrachtet werden. Von ihr ging die Anregung zur Novelle von 1910 aus, die ihren Niederschlag in §§ 12 II 6 LUG und 15a KUG fand. Deutschland ist Mitgliedstaat der Berner Übereinkunft und muß sein Urheberrechtsgesetz den Konventionsbestimmungen anpassen. Die RBÜ von 1908 schützte in Art. 14 Filme wie Werke der Literatur oder Kunst, sofern der Urheber durch die Anordnung des Bühnenvorganges oder die Verbindung der dargestellten Gegeben-

heiten dem Werke die Eigenschaft eines persönlichen Originalwerkes gegeben hatte.

Die RBÜ von 1928 berücksichtigte bereits die 20jährige Entwicklung des Films und schützte Filmwerke wie Werke der Literatur oder Kunst, wenn der Urheber dem Werk einen eigentümlichen Charakter gegeben hatte. Die RBÜ von 1928 erkannte also bereits, daß der Film kein Schriftwerk sei und stellte den Werkcharakter auf die „eigentümliche Schöpfung" ab.

Nach weiteren 20 Jahren nahm die RBÜ 1948 in Brüssel die Filmwerke als selbständige Werkgruppe in Art. 2 auf und zog damit endgültig den Trennungsstrich zu den Schriftwerken. Damit wurde das Filmwerk, und zwar sowohl der Stummfilm als auch der Tonfilm, in allen seinen Abarten als selbständige Werkgattung anerkannt. Da mit der Streichung des Art. 14 Abs. 2 auch nicht mehr der „eigentümliche Charakter" des Filmwerkes gefordert wird, umfaßt der Schutz auch reine Naturfilme und Filmreportagen.

Die RBÜ behandelt jedoch nur das Filmwerk als Schutzobjekt. Mit Rücksicht auf die Meinungsverschiedenheiten über die Filmurheberschaft und den Träger des Urheberschutzes hat die RBÜ die Regelung dieser Fragen der nationalen Gesetzgebung überlassen. Es bleibt nun also dem deutschen Urheberrechtsgesetz vorbehalten, diese Frage selbst zu lösen.

IX. Zur Urheberschaft des Films

Die Frage der Film-Urheberschaft konnte in der deutschen Urheberrechtsnovelle von 1910 naturgemäß noch nicht geklärt werden. So wurden und werden die in dem geltenden Recht verankerten und entwickelten Grundsätze über die Urheberschaft auf den Film übertragen. Man zwang den Film und den Filmurheber in das System der klassischen Begriffe des Werkes und seines Schöpfers. Allein schon die Vielzahl der für den Urheber verwendeten Bezeichnungen läßt die Schwierigkeiten erkennen, eine einheitliche Vokabel zu finden. Im Schrifttum stößt man auf: Filmurheber, Urheber des Filmwerkes, Inhaber des Urheberrechts, Träger des Urheberrechts, erster Träger des Urheberrechts, Filmschöpfer, Filmautor, originäre Urheber usw. Daß man bei diesem Verfahren für das geltende Recht dieses Problem nicht oder nur unzureichend lösen konnte, liegt auf der Hand. Für ein neues Urheberrechtsgesetz sollte nun aber eine Lösung gefunden werden, die dem Film als Werk einer neuen Gattung auch einen Urheber zuordnet. Daß hierbei nicht die Wünsche aller Interessenten und Interessentengruppen berücksichtigt werden können, ist nicht zu umgehen. Um den Ausgangspunkt für eine neue Lösung zu finden, ist es erforderlich, die Gründe und Gegengründe für die eine oder andere Auffassung von der Filmurheberschaft zu untersuchen. Wenn hierbei längst Bekanntes wiederholt werden muß, so möge es verziehen werden.

Zur Ermittlung der Filmurheberschaft sind zwei Theorien entwickelt worden, die diese schwierige Frage klären helfen sollten.

Die Fall-Methodik will die Filmurheber von Fall zu Fall im Interesse der Schaffenswahrheit ermitteln [54]). Die Kategorien-Methodik glaubt, das Problem durch eine generelle Feststellung der Urheber-Kategorie, wie Drehbuchautor, Komponisten, Regisseure usw., lösen zu können [55]). Die Fall-Methodik geht von den bisher anerkannten Grundsätzen des klassischen Urheberrechtsschaffens aus. Sie erkennt nicht, daß das Filmschaffen auf anderen als den bisherigen Grundlagen beruht. Der Kategorien-Methodik wäre der Vorzug zu geben, weil sie mehr die Eigenheiten des Schaffensprozesses berücksichtigt; aber auch sie kann nicht zur Lösung des Problems verhelfen, da sie den Schöpfungsvorgang und das Wesen des Filmes verkennt. Da also weder die eine noch die andere Theorie zum Ziele führt, müssen die verschiedenartigen Auffassungen zu den Streitpunkten im einzelnen geprüft werden.

1. Im Mittelpunkt der Betrachtung stand und steht wohl auch heute noch der Drehbuchautor, der Verfasser der literarischen Konzeption. Daß das Drehbuch, auch wenn es — wie *Ulmer* (GRUR 1955 S. 522) mit Recht feststellt — kein in sich abgeschlossenes literarisches Werk ist, als Schriftwerk Urheberschutz verdient, haben wir bereits gesehen. Im Schrifttum wird aber vielfach die Auffassung vertreten, der Drehbuchautor sei der einzige und alleinige Urheber des Films [56]). Die Vertreter dieser Urheberkategorie müssen auch zwangsläufig der Ansicht sein, der Film sei eine Vervielfältigung des Drehbuches. Daß dies nicht der Fall ist, wurde bereits dargelegt. Soweit diese Theorie den Stummfilm im Auge hat, und sie in dem Film ein Schriftwerk mit anderen Ausdrucksmitteln sieht, ist die Theorie logisch und konsequent. Wenn die Ausdrucks- und Formgebungsmittel des Filmes aber arteigene sind, muß die Theorie versagen. Sie kommt vollends in Schwierigkeiten, wenn sie auf den Tonfilm angewendet werden soll. Neben den Drehbuchautor tritt dann der Komponist, der für seine schöpferische Leistung ja

---

54) Roeber, Das Filmrecht und die Frage seiner Reformbedürftigkeit, S. 30 ff.; Pintsch, aaO., S. 37; Ulmer GRUR 52, 9; Sutermeister, aaO., S. 45; Troller, aaO. S. 163.

55) Werhahn GRUR 1954. 16, mit weiteren Literaturhinweisen.

56) Allfeld Philipp, Das Urheberrecht an Werken der Literatur und Tonkunst. München 1928, S. 171; Güldenagel GRUR 1943, 195; weitere Literaturangaben bei Leinveber GRUR 1955, 195.

auch als Urheber anerkannt sein will. Gegen diese Theorie wenden sich mit Recht alle die Vertreter, die in dem Film lediglich eine Bearbeitung des Drehbuches sehen [57]). Zu dieser Ansicht sagt *Iros*

(aaO. S. 473): „Eine Reihe von Filmfachleuten und Nichtfachleuten bezeichnet den Autor als Mitschöpfer, wenige sind sogar geneigt, ihn den alleinigen Schöpfer zu nennen und den Regisseur nur insoweit einzubeziehen, als er auch eine Autorentätigkeit ausübt. Dieser letzte Standpunkt ist deshalb unrichtig, weil er die schöpferischen Leistungen der sinnlich Ausführenden und die Tatsache übersieht, daß ohne die sinnliche Ausführung ein Film nicht denkbar ist."

2. Für Tonfilme steht auch die Urheberschaft des Komponisten zur Diskussion [58]).

Ausgehend von § 1 LUG, daß die Filmmusik ein Werk der Tonkunst sei, wird der Komponist als Schöpfer angesehen. Dieser Auffassung folgt auch das Reichsgericht in der bekannten Tonfilmentscheidung RGZ 140, 231 ff., das die Herstellung eines Musik-Tonfilmes als Bearbeitung eigener Art ansieht und ein getrenntes Aufführungsrecht an der Filmmusik anerkennt. Rein formal gesehen, geht diese Ansicht von richtigen Voraussetzungen aus; sie berücksichtigt aber nicht, daß die Musik im Tonfilm eine untergeordnete Bedeutung hat und nicht die Stellung einnimmt, wie etwa das Hauptausdrucksmittel des bewegten Bildes. Es kann kein Zweifel bestehen, daß der Komponist der Urheber der von ihm bearbeiteten vorbestehenden Musik oder der eigens für einen Film komponierten Originalmusik ist, aber damit wird der Komponist noch nicht Urheber des Filmes, zu dem er nur einen Teilbetrag erbringt. Aus diesen Gründen hat diese Auffassung lebhaften Widerspruch gefunden [59]). Mit Recht wendet man sich dagegen, daß dem Komponisten in dem Filmurheberrecht eine Stellung eingeräumt wird, die er in der Tat nicht hat und auch nicht verdient.

3. Bei dem Streit um die Filmurheberschaft spielt auch der Regisseur eine wesentliche Rolle. In der richtigen Erkenntnis, daß der Film keine Vervielfältigung des Drehbuches ist, und daß er erst durch filmeigene Ausdrucksmittel entsteht, wird der Filmregisseur vielfach als der alleinige Urheber des Filmes angesehen [60]). Er selbst gestalte den Film durch Anwendung der filmeigenen Ausdrucksmittel und gebe dem Film die Form des Kunstwerkes. Hier-

57) Siehe Fußnote Nr. 38.

58) Elster, aaO., 3. Aufl., S. 69; Elster GRUR 1935, 703 ff.; Runge, aaO., S. 274; Ulmer GRUR 1955, 518 ff.; Baum GRUR 1952, 484; Benkard GRUR 1955, 163; Güldenagel GRUR 1943, 195; Troller, aaO., S. 164.

59) Lehnich Ufita Bd. 10 (1937) S. 10 ff.; Friedemann Ufita Bd. 1 (1928) S. 557; Roeber Ufita Bd. 4 (1931) S. 208 f.; Pintsch, aaO., S. 39; de Boor ZAKdR 1935, 831; Pfennig ebenda S. 828.

60) Werhahn GRUR 1954, 18, Ufita Bd. 22 (1956) S. 42 ff.; Bull ZAKdR 1935, 837; neuerdings auch Berthold-Hartlieb, aaO., S. 59 f.

gegen wird eingewendet, daß der Regisseur selbst keine schöpferische Leistung erbringe. Er übersetze nur das Drehbuch ins Bildliche und sei nur der Gehilfe des Drehbuchautors. Daher habe er keinen Anspruch auf Anerkennung eines Urheberrechts [61]). Daß diese Ansicht unhaltbar ist, geht aus folgender Feststellung *Kutschers* hervor (aaO. S. 139):

> „Der Regisseur ist das Element der Filmkunst. Der Regisseur benutzt künstlerisch die Fähigkeit der Kamera, eine Bewegung aufzulösen in ihre Teile. Er gibt aus der Analyse seine Synthese, indem er das jeweils Charakteristische, das Stärkste oder Einfachste aussucht, isoliert, neu verbindet und unter Ausschluß aller bloßen Wirklichkeit (oder auch mit ganz bewußter Benutzung einzelner Wirklichkeitsmomente) ein organisches Stück Leben schafft mit eigenem Ausdrucksmaterial, mit eigener Form."

Zwischen beiden Extremen wird eine Auffassung vertreten, die in der Mitte liegt und je nach dem Anteil an der Drehbuchänderung oder Bearbeitung ein Miturheberrecht des Regisseurs anerkennt [62]).

Die Ansicht, daß dem Regisseur das alleinige Urheberrecht am Film zustehe, wird in letzter Zeit besonders von *Werhahn* vertreten. Er erkennt richtig, daß das Filmwerk „die organisch synchronistische Verschmelzung von Bild und Ton zu einer unzerreißbaren Ganzheit, dem filmischen Gesamtkunstwerk", ist. Das Filmwerk sei ein mit eigenbedingten Formungsmitteln geschaffenes eigentümliches Werk, das sich in seiner Ausdrucksform von jeder anderen urheberrechtlich geschützten Kunstgattung unterscheide. Werhahn hat recht, wenn er die Tätigkeit des Regisseurs als schöpferische Leistung herausstellt. Bei der Würdigung der Leistung des Regisseurs übersieht Werhahn jedoch, daß die Formgebung allein nicht ausreicht, um ein Kunstwerk zu schaffen. Wenn der Regisseur nicht gleichzeitig Drehbuchautor ist, erbringt er in der Formgebung durch Anwendung der filmeigenen Ausdrucksmittel nur e i n e Teilleistung. Neben seiner Leistung bestehen in der Regel ja auch noch die Schöpfungen des Drehbuchautors, Komponisten, Kameramannes, Cutters, Architekten usw. Deren Leistungen sind ja auch nicht wegzuleugnen, wie immer man auch darüber denken mag. *Stindt* sagte schon 1923:

> „Ein Streit um den Lorbeer ist daher unsinnig. Keiner ist der Alleinschöpfer, jeder hat nur seine Aufgabe vergleichsweise am besten zu lösen. Jeder ist nur ein Stück der Wirkungseinheit, ein Nichts ohne die anderen." (aaO. S. 62)

61) S u t e r m e i s t e r , aaO., S. 34.
62) P i n t s c h , aaO., S. 40; M a r w i t z - M ö h r i n g , aaO., S. 44; U l m e r GRUR 1954, 497; E l s t e r , aaO., 3. Aufl., S. 74, v. G a m m , Grundfragen des Filmrechts, Berlin-Köln 1957 S. 19.

Ihm folgt *Liebeneiner*, wenn er ausführt:

„Der Film ist ein Gesamtkunstwerk, bei dem nicht einer alles, sondern alle eines tun müssen, nämlich den Film gestalten, jeder auf seinem Spezialgebiet." (aaO. S. 12)

Zu dieser Rechtsansicht bemerkt *Iros* (aaO. S. 474) mit Recht:

„Diejenigen, die dem Regisseur die Eigenschaft des Filmschöpfers zugestehen, gehen entweder gleichfalls von dem Irrtum aus, der Begriff ‚Film' beginne erst bei der Abbildung auf das Filmband oder von dem anderen Irrtum, die Partitur sei nur eine ihn zu nichts verpflichtende Anweisung, nur Anregung von Möglichkeiten für ihn (S. 44), oder sie schließen von einer Folge auf deren irrtümlichen Grund und sagen, der Regisseur sei der Schöpfer, weil er der einzige Verantwortliche für das Filmwerk sei.

Wenn man schon auf dem Standpunkt steht, daß die Geburt des Films erst mit der Aufzeichnung auf das Filmband beginne, dann ist nicht der Regisseur, sondern der Operateur, und zwar nur er, der Filmschöpfer, und alle anderen wären nur Beistände. Und glaubt man, wie wiederum manche andere, daß der Film erst durch Zusammenfügen des aufgenommenen Materials („Montage") entstehe, dann ist der Cutter bzw. derjenige, der diese Funktion jeweils ausübt, der Schöpfer, und da dies, wie im letzten Absatz erwähnt wurde, jeweils sehr verschieden ist, kann unter dieser Voraussetzung generell überhaupt kein Schöpfer bestimmt werden."

4. Nun wird vielfach die Meinung vertreten, daß eine Miturheberschaft zwischen Drehbuchautor, Komponist, Architekt, Regisseur, Kameramann usw. bzw. zwischen zweien oder mehreren dieser Mitwirkenden bestehe [63]). Der Film sei eine Gemeinschaftsleistung, zu der alle Mitwirkenden schöpferische Leistungen erbringen. Im Kern dieser Theorie liegt etwas Richtiges insofern, als in der Tat der Film — von Sonderfällen abgesehen — nicht von einer Einzelperson geschaffen werden kann. Die Konstruktion des Miturheberrechts nach §§ 6 LUG bzw. 8 KUG ist aber verfehlt, weil dem Grundgedanken dieses Gesetzes nach ein Miturheberrecht immer nur an einem Werk derselben Kunstgattung möglich ist, so z. B., wenn mehrere Autoren an demselben Drehbuch arbeiten. [64])

Der Verfasser hat bereits in Ufita Bd. 22 (1956) S. 62 zur Arbeitsweise der angeblichen oder vermeintlichen Miturheber festgestellt, daß hier eine Schaffensgemeinschaft überhaupt nicht besteht. Sie erbringen ihre schöpferischen Leistungen auf dem Gebiet einer Kunstgattung, die von der des Filmes wesensverschieden und andersartig ist. Ihre Einzelbeiträge werden ja erst durch die arteigenen Ausdrucksmittel des Filmes im Wege der Formgebung in eine neue

63) Elster, aaO., 3. Aufl., S. 74; Friedemann Ufita Bd. 1 (1928) S. 557; Pintsch, aaO., S. 40; v. Boehmer-Reitz, aaO., S. 154; Kopsch GRUR 1937, 331 ff.; Streicher, aaO., S. 139 f.; auch Berthold-Hartlieb, aaO., S. 98; v. Gamm, aaO., S. 18 f.

64) Auf diesen Gedanken hat das Schweizerische Bundesgericht in seinem Urteil vom 16. 3. 1948 hingewiesen, GRUR 1949, 200 ff., Ufita Bd. 19, S. 365; vgl. hierzu auch Baum GRUR 1952, 481 und ausführlich Roeber Ufita Bd. 22 (1956) S. 8, dem in vollem Umfange beizupflichten ist.

Kunstform umgewandelt. Die Schöpfung der Beiträge vollzieht sich zwar in demselben Schaffensvorgang, bleibt aber immer gattungsgebunden und gattungsbezogen, während das entstehende Werk nach Inhalt, Form und Wirkung einer anderen Gattung angehört. Autor und Komponist arbeiten auch nicht miteinander oder füreinander, sondern nebeneinander und nacheinander. Sie erbringen ihre schöpferischen Leistungen ebenso wie die anderen schöpferisch tätigen Filmschaffenden, allein für das neue Werk, zu dem sie — getrennt voneinander und von den andern — lediglich einen Beitrag in der ihm eigenen Form leisten. Der Ansicht von *Streicher* aaO. S. 140, daß die drei Autoren — Drehbuchautor, Regisseur und Komponist — gemeinsam schaffen und daß ihre Beiträge ein und demselben Werk — der Kunstgattung Film — angehören, so daß ein Miturheberrecht gerechtfertigt sei, kann man nicht folgen. Abgesehen davon, daß das Merkmal des gemeinsamen Schaffens fehlt, bleiben die schöpferischen Leistungen des Drehbuchautors und des Komponisten gattungsgebundene Beiträge. Sie sind nicht in ein und derselben Kunstgattung tätig, sondern arbeiten für ein und dieselbe Kunstgattung, jeder aber in seiner Gattung. Es ist also weder tatsächlich noch rechtlich eine gemeinsame schöpferische Tätigkeit, die ein Miturheberrecht ergeben würde.

5. Schon frühzeitig wurde mit der Erkenntnis, daß der Film ein Werk eigener Art sei, auch der Filmhersteller in den Kreis der Urheberrechtsanwärter mit einbezogen[65]). Hierzu hatte das Reichsgericht mit seiner Entscheidung Band 106, 365, den Weg gewiesen, wenn es im Zweifel den Filmhersteller als Träger des Urheberrechts ansah. *Goldbaum* billigte dem Hersteller ein originäres Urheberrecht am Film zu, weil er nicht nur eine dem Verleger gleichzuachtende Sammeltätigkeit künstlerischer Kräfte, sondern auch eine für die Entstehung eines Werkes bedeutsame geistige Tätigkeit ausübe. In der Folgezeit vertrat besonders *Hoffmann* das Urheberrecht des Filmherstellers, der in seinem Entwurf eines deutschen Urheberrechtsgesetzes seine Auffassung unter Hinweis auf den besonderen Schaffensprozeß des Filmes eingehend begründet. (Entw. 33 S. 33/34, JW 1936, 1501 ff.). Sodann wird die Auffassung vom originären Urheberrecht des Herstellers besonders von *v. Boehmer-Reitz, Roeber, de Boor* und *Pfennig* verfochten, die sich in richtiger Erkenntnis von der künstlerischen Einheit des Films auch für die rechtliche Einheit eingesetzt haben.

65) Goldbaum, aaO., S. 43 ff.; Hoffmann JW 1929, 1181; Schlechtriem JW 1933, 1870, NJW 1949, 776; v. Boehmer-Reitz, aaO., S. 109 ff.; Pfennig ZAKdR 1935, 826 ff.; Roeber ebenda 832 ff.; de Boor ebenda S. 830 ff.; Roeber Ufita Bd. 9 (1936) S. 14; Kopsch Ufita Bd. 9 (1936) S. 110; Ruszkowski Ufita Bd. 9 (1936) S. 168; Friedlaender, aaO., S. 338 f.

In letzter Zeit hat sich *Roeber* noch einmal sehr ausführlich mit dem Problem der Filmurheberschaft auseinandergesetzt (Ufita Bd. 22 [1956], S. 1 ff.) 65[a]) und mit überzeugenden Gründen dargelegt, daß die Filmurheberschaft dem Hersteller zustehe. Entgegen der hier vertretenen Auffassung, daß Drehbucherarbeitung und Komposition der Filmmusik zum Schaffensvorgang des Filmwerkes gehören, sind *Hoffmann* (JW 1936 S. 1503), *Lehnich* (Ufita Bd. 10 [1937] S. 10) und *Roeber* der Ansicht, daß es sich hierbei um urheberrechtlich bedeutsame Tätigkeiten zur Vorbereitung des Filmwerkes handele. Diese Auffassung findet ihre Begründung darin, daß das Filmwerk allein in der Produktion entstehe, und daß daher die Urheber von Werken des Vorstadiums nicht Urheber des Filmes seien. Diese Ansicht zieht den Kreis des Filmwerkschaffens zu eng und scheidet den Stoff und seine filmbezogene Darstellungsform zu Unrecht aus dem Werkschaffen aus. In der Produktion erfolgt ja lediglich die Formgebung mit den filmeigenen Ausdrucksmitteln. Zur Formgebung gehört aber auch das, was geformt wird, und das ist der Stoff in der filmbezogenen Darstellung des Drehbuches. Die Erweiterung des Kreises der Produktion um die Drehbucherarbeitung und Musikkomposition steht der Ansicht, daß Drehbuchautor und Filmkomponist keine Urheber des Filmes seien, nicht entgegen. Sie erbringen ja in jedem Falle nur Teilleistungen schöpferischer Art. Diese sind — wie noch darzulegen sein wird — urheberrechtlich nur Beiträge, die unselbständige Bestandteile des Filmwerkes werden.

Dieser Lehre von der originären Urheberschaft des Herstellers wird entgegengehalten, daß sie Fundamentalsätze des Urheberrechts außer acht lasse. Das Prinzip der Schaffenswahrheit werde verletzt, Urheber seien Drehbuchautoren, Komponisten, Regisseure usw. Der Hersteller erbringe nur finanzielle und technische, nicht aber schöpferische Leistungen. Zudem sei der Filmunternehmer meistens nur eine juristische Person, die keine Werke schaffen könnte, da hierzu nur natürliche Personen in der Lage seien. Diese Theorie wird daher von einem großen Teil des Schrifttums abgelehnt, insbesondere von allen denen, die in dem Film ein Schriftwerk, eine Vervielfältigung, eine Bearbeitung oder eine Werkverbindung sehen und die daher die Urheber der anderen Werke als die alleinigen Filmurheber oder Miturheber betrachten [66]). Eine Miturheber-

---

65a) Mit ausführlichem Vorwort auch als selbständige Schrift erschienen: Georg Roeber, Die Urheberschaft am Film. Probleme und Aufgaben der Rechtsreform. Baden-Baden 1956 (Heft 3 der Schriftenreihe der UFITA).

66) Allfeld, aaO., S. 67; Marwitz-Möhring, aaO., S. 43; Bull GRUR 1934, 567, ZAKdR 1935, 839; v. Erffa GRUR 1926, 413, JR 1951, 314; J. Koch Ufita Bd. 7 (1934) S. 259; Elster GRUR 1935, 703, 1936, 463; Runge, aaO.,

schaft des Herstellers wollen gelten lassen: *Elster, Koch* und *Runge*, sofern der Hersteller selbst schöpferische Leistungen zu dem Film erbringt.

6. Die Rechtsprechung hat sich nur in wenigen Entscheidungen mit der Frage der Filmurheberschaft befaßt. So stellt das RG in seinem Urteil vom 14. 3. 1923 (RGZ 106, 365) fest, daß der Filmhersteller im Zweifel als Träger des Urheberrechts anzusehen ist. Das KG (JW 1924, 413) bezeichnet den Hersteller als ursprünglichen oder ersten Träger des Urheberrechts auch dann, wenn er selbst nicht geistig-schöpferisch mittätig ist. Das RArbG (JW 1932, 1914) anerkennt das Urheberrecht des Filmherstellers, wobei es als Urheber nur natürliche Personen, nicht aber juristische Personen gelten lassen will. Aus der jüngsten Rechtsprechung ist das Urteil des OLG Frankfurt/M. vom 4. 10. 51 (Ufita Bd. 22 [1956] S. 117) besonders bemerkenswert. Abgesehen davon, daß das OLG den Vertretern der Einheitstheorie folgt, will es „die über die Person des Urhebers in § 15a KUG bestehende Lücke dahin ausfüllen, daß das Urheberrecht in der Person des Unternehmers entsteht, obwohl es sich bei seiner Tätigkeit nicht um eine geistig-schöpferische handelt". Das OLG Frankfurt folgt auch insoweit dem Kammergericht, als es auch eine juristische Person als Urheber eines Filmwerkes anerkennt.

Hier ist also nicht mehr von dem etwas vagen Begriff des „Trägers des Urheberrechts", sondern vom Urheber eines Filmwerkes die Rede. Die deutsche Rechtsprechung hat den wirklichen und in der Filmproduktion üblichen Verhältnissen folgend und entgegen einer weitverbreiteten Auffassung des Rechtsschrifttums die bestehende Gesetzeslücke hinsichtlich des Filmurhebers geschlossen. Wenn man bei der Beurteilung des Werkcharakters und der Filmurheberschaft Grundsätze und Begriffe des geltenden Urheberrechts anwendet, kann man in der Tat nur schwer zu einem brauchbaren und dem Wesen des Films gerecht werdenden Ergebnis kommen. Die nötige Einsicht in das Wesen des Films fehlte auch dem Schweizerischen Bundesgericht, das glaubte, das Vorhandensein einer Gesetzeslücke verneinen und im Wege der Analogie die Probleme der Filmurheberschaft und der Tonfilmmusik lösen zu müssen. Man sollte meinen, daß das hohe Verständnis für das Wesen des Films, das das Zürcher Obergericht erkennen läßt, das Schweizerische Bundesgericht hätte veranlassen sollen, sich etwas intensiver mit dem Film als Kunstwerk und mit der Bedeutung der Tonfilmmusik zu beschäftigen. Obwohl die Musik im Tonfilm in der Filmwissenschaft

---

S. 263 ff.; Benkard GRUR 1955, 163; Ulmer, Urheber- und Verlagsrecht, S. 133, GRUR 1952, 61; v. Metzler GRUR 1952, 16; Kleine, aaO., 4. Aufl., § 2 Anmerkung 2 u. a.; Troller, aaO., S. 167; Streicher, aaO., S. 134; Berthold-Hartlieb, aaO., S. 71 ff.; Gamm, aaO., S. 16.

und Filmpraxis längst als ein dem Bild dienendes Ausdrucksmittel bekannt war, hat das Schweizerische Bundesgericht 15 Jahre (!) nach dem Tonfilmurteil des Reichsgerichts dieselbe Stellung eingenommen und ein selbständiges und unabhängiges Urheberrecht des Tonfilmkomponisten anerkannt.

7. Ein wesentlicher Einwand gegen das originäre Urheberrecht des Herstellers liegt darin, daß nur natürliche Personen, nicht aber juristische Personen eine geistige Schöpfung vollbringen können. Hierzu ist zunächst zu bemerken, daß die juristische Person ja doch auch nur eine rechtliche Konstruktion ist, die geschaffen wurde, um den Vielfältigkeiten und Erfordernissen des Lebens gerecht zu werden. Sie erhält ihr Leben doch ausschließlich von und durch natürliche Personen, die in ihr wirken. Es ist zuzugeben, daß die Grundprinzipien des geltenden Urheberrechts, das grundsätzlich nur natürliche Personen als Werkschöpfer anerkennt, eine Werkschöpfung durch juristische Personen ausschließen. Aber erweisen sich diese Grundsätze nicht als allzu eng oder gar als falsch, wenn sie an der Wirklichkeit vorbeigehen und Werkschöpfungen durch juristische Personen einfach ablehnen, „weil nicht sein kann, was nicht sein darf"? Die Tatsache kann doch nicht aus der Welt geleugnet werden, daß juristische Personen Filmwerke geschaffen haben, die wahre Kunstwerke sind. Daß hier nicht die Rechtskonstruktion als theoretisches Gebilde das Werk schafft, sondern die in ihr wirkenden natürlichen Personen, kann doch wohl nicht zweifelhaft sein. Und den Werkcharakter zu versagen, weil das Werk von einer juristischen Person stammt, muß doch wohl als lebensfremd bezeichnet werden. Das Werk wird jedenfalls von Menschen geschaffen, nicht aber durch ein fiktives Gebilde.

Wie die in der juristischen Person schöpferisch tätigen natürlichen Personen die urheberrechtlichen Fragen im Innenverhältnis lösen, kann der Praxis überlassen bleiben, die in den letzten Jahrzehnten ohnehin schon bewiesen hat, daß sie trotz einer ihr entgegenstehenden Urheberrechtslehre die auftretenden rechtlichen Probleme des Filmwerkschaffens zu lösen vermochte. Es muß doch als sehr bedenklich bezeichnet werden, wenn die deutsche Lehre die gegebenen Tatbestände einfach nicht zur Kenntnis nehmen will und sich in theoretischen Erörterungen über Probleme ergeht, die in der Wirklichkeit ganz anders aussehen. Mit Recht hat daher *Hoffmann* in seinem Entwurf 1933 gefordert, daß das Urheberrecht dem Filmhersteller zugestanden wird, „auch wenn dieser eine juristische Person ist" [67]).

[67]) Das ist auch die Ansicht des Kammergerichts (JW 1924, 413) und des OLG Frankfurt (Ufita Bd. 22 [1956] S. 417).

Ruszkowski vertritt mit Recht die Ansicht, daß der alte Grundsatz, wonach nur natürliche Personen als geistige Schöpfer anerkannt werden können, auf das Filmwerk nicht anwendbar ist. (Ufita Bd. 9 [1936], S. 170). Auch *Friedlaender* erkennt (aaO. S. 339) das geistige Schaffen juristischer Personen an. Zutreffend hebt er hervor, daß man ihnen auch eine rechtsgeschäftliche Willensbildung zuerkannt habe.

8. Während die Entwürfe 39 und 54 den Film als Werk einer besonderen Kunstgattung anerkennen, versuchen sie die Urheberschaftsfrage mit auch sonst im Urheberrecht anerkannten Prinzipien, Methoden und Konstruktionen zu lösen. Sie verschließen sich nicht dem Bedürfnis der Praxis, das nach einem einheitlichen Recht des Herstellers ruft, das ihn zur alleinigen, uneingeschränkten und unbeschränkbaren Verwertung des Filmes ermächtigt. Hierbei gehen die Entwürfe folgende Wege:

Der Entwurf 32 läßt in § 21 Abs. 1 die Werknutzungsrechte an einem Filmwerk kraft Gesetzes auf den Filmunternehmer übergehen. Nach Absatz 2 muß der Unternehmer jedoch das Verfilmungsrecht an einem für den Film benutzten Schrift- oder Tonkunstwerk vertraglich erwerben.

Der Entwurf 39 unterscheidet scharf zwischen den Urhebern vorbestehender Werke einerseits (§ 11 Ziffer 6) und den schöpferischen Leistungen der Filmschaffenden andererseits. Zu den Filmschaffenden rechnet er auch den vom Unternehmer beauftragten Drehbuchautor und Filmkomponisten. Nach der Begründung Seite 47 sieht der Entwurf als Urheber des Filmwerkes die Personen an, die durch eigenpersönliche, schöpferische Leistung an der Gestaltung des Filmwerkes in seiner besonderen filmischen Prägung mitwirken. Gemäß § 19b erwirbt der Unternehmer ein ausschließliches Werknutzungsrecht unbeschadet der filmschaffenden Urheber kraft Gesetzes, während er die Verfilmungsrechte vertraglich erwerben muß.

Auch der Entwurf 54 will die Verwertungsrechte des Filmherstellers sicherstellen. Er überträgt die Urheberschaft des Filmwerkes im Wege einer Fiktion an den Filmhersteller und läßt die Urheberrechte an den zur Herstellung benützten Werken unberührt (§ 93).

Alle drei Entwürfe lehnen zwar ein originäres Urheberrecht des Filmherstellers ab, wollen aber im Wege der *cessio legis* bezw. der Fiktion zu einer uneingeschränkten Verwertung des Filmwerkes verhelfen. Was man dem Hersteller also nicht auf der Grundlage urheberrechtlicher Grundsätze geben kann, soll er durch eine rechtliche Konstruktion erhalten. Dieses Bemühen läßt erkennen, daß in dieser Rechnung etwas nicht in Ordnung ist. Entweder passen die

Grundsätze des Urheberrechtes nicht für das Filmwerk und für die Urheberschaft oder die Rechtskonstruktionen versagen hierbei. Hieraus muß wohl die Erkenntnis gezogen werden, daß es verfehlt ist, neuen Wein in alte Schläuche zu füllen bezw. das Filmwerk mit alten Maßstäben des Urheberrechts zu messen.

X. Werkschutz und Leistungsschutz

Das Problem des Werkcharakters und der Filmurheberschaft hat *Ulmer* in sehr tiefgründigen Untersuchungen in ein neues Licht gerückt. (GRUR 1952, 5; 1954, 493; 1955, 518). Nachdem er ursprünglich den Begriff des Filmwerkes vermied, weil der Film kein Werk im gewöhnlichen Sinne sei, will Ulmer das Filmwerk nun doch wieder als „Werk besonderer Art" gelten lassen. Er sagt: „Der Film ist mehr als ein gewöhnliches Werk, weil er nicht geistige Schöpfung allein, sondern weil er künstlerisch realisierte geistige Schöpfung ist. Der Film — als Ganzes gesehen — ist daher nicht Gegenstand eines einheitlichen Rechts." (GRUR 1955, S. 520). Es erschwert natürlich jede Diskussion, wenn sich hinter einem Begriff verschiedenartige Auslegungen und Definitionen verbergen. Ulmer gibt dem doch in Lehre und Rechtsprechung fest umrissenen Werkbegriff eine eigene Deutung, wenn er bei dem Film die schöpferische Tätigkeit allein in die Ebene der Drehbuchautoren, Komponisten, Architekten und Zeichner legt. Damit leugnet Ulmer im Grunde den Werkcharakter eines Filmes, auch wenn er ihn als Werk besonderer Art bezeichnet [68]).

1. Bei seiner Theorie von der Filmschöpfung und dem Leistungsschutzrecht hat sich Ulmer offenbar sehr stark von *Iros* leiten lassen, denn die Schaffens- und Gestaltungsakte von Iros sind nichts anderes als die „Sphäre der Schöpfung" und die „Sphäre der künstlerischen Ausführung". Hinsichtlich „Bildpartitur" und „Gestaltungsplan" bezieht sich Ulmer ausdrücklich auf Iros (GRUR 1952, 5; 1955, 520). Man gewinnt aber den Eindruck, daß Ulmer nur das gelesen hat, was Iros über den „Gestaltungsplan" und die „Bildpartitur" aaO S. 40 gesagt und das übersehen hat, was Iros über deren Bedeutung im Zusammenhang mit der sinnlichen Ausführung, der Gestaltung Seite 167 ausgeführt hat. Zugegeben, daß Iros schwer zu lesen ist, aber liest man denn überhaupt eine Grammatik? Iros will, wie er in dem Vorwort sagt: „dem Gesamtproblem Film und Filmkunst auf den Grund kommen und die Sprachweise, die pro-

68) Im Ergebnis ebenso: Baum GRUR 1952, 480; Kleine, aaO., 4. Aufl. S. 96, Börsenblatt f. d. dtsch. Buchhandel, Frankfurt, Ausgabe 1955, 373; neuerdings auch de Boor Ufita Bd. 18 (1954) S. 273. Vgl. hierzu die Bemerkungen von Roeber Ufita Bd. 22 (1956) S. 32, Fußnote 83; Troller, aaO., S. 163 ff.; Sutermeister, aaO., S. 29; Hubmann, Das Recht des schöpferischen Geistes, Berlin 1954, S. 183.

fanen und künstlerischen Möglichkeiten des Films, Art und Umfang seiner Auswirkungen erforschen". Sein „Wesen und Dramaturgie des Films" möchte den Filmschaffenden und Filmlehrenden, den Filmamateuren und den Filmfreunden, die ein tieferes Verständnis für Film und Filmkunst erstreben, Wegweiser, Hilfe und Anregung sein. Iros selbst bezeichnet sein Buch als Versuch einer „Filmgrammatik", und so ist es nicht verwunderlich, wenn filmfremde Leser sich in dieser Syntax und Grammatik nicht zurechtfinden, und wenn Juristen Dinge als rechtlich relevant ansehen, denen Iros an anderer Stelle die für die Zusammenhänge richtige und entscheidende Deutung und Bedeutung gibt. Das ist z. B. der Fall bei dem „Gestaltungsplan" und der „Bildpartitur".

Aus der sehr ausführlichen Inhaltsübersicht geht bereits hervor, daß Iros die Untersuchung sehr systematisch und methodisch angelegt hat. Aus der Anlage des ganzen Buches, und besonders des Kapitels III, ergibt sich, daß es sich hier um eine Analyse des Filmes handelt, der — in Phasen und Bestandteile zerlegt — auf die wesentlichsten Merkmale der Gestaltung zurückgeführt wird. Der Gestaltungsplan ist also nur e i n Merkmal aus der in Einzelphasen zerlegten Gesamtgestaltung. Was Iros unter Gestaltungsplan versteht, sagt er aaO. S. 40:

> „Der Gestaltungsplan stellt die Fixierung (Festlegung durch Zeichengebung, Niederschrift) eines selbständigen, in seiner individuellen Form und seinem ebensolchen Gehalt erfundenen Phantasieprodukts dar. Er ist Vorbild für die sinnlich-materielle Ausführung durch den Regisseur und seine Mitschaffenden und Phantasieausdruck für das adäquate Endprodukt, das auf der Leinwand abrollt und im Zuschauer dasselbe einheitliche Erlebnis auslöst, das im Gestaltungsplan phantasiemäßig zum Ausdruck kommt.

Wie Iros das Verhältnis von Bildpartitur und Endprodukt beurteilt und verstanden wissen will, stellt er dagegen erst aaO. S. 167 fest:

> „Bei dem Charakter der Bildpartitur als einer selbständigen Schöpfung von hohem Eigenwert (S. 40) und als des urschöpferischen Vorbildes für das sinnliche Endprodukt könnte man versucht sein, die Filmkunst in zwei selbständige Kunstgattungen, die Filmdichtung und die ‚Verfilmung' zu teilen, analog der Teilung von Dichtung oder Komposition und Bühnenaufführung. Dieser Vergleich zeigt indes sofort die Unmöglichkeit einer solchen Teilung beim Film, dessen dichterische Grundlage wohl als schöpferische Phantasieleistung hohen künstlerischen Wert besitzt, als zeichenmäßige Fixierung aber nicht die Form besitzt, die ein selbständiges Kunstwerk ausmachen könnte.
>
> Die Bildpartitur will und soll die Bilder, die Bildvorgänge und Bildbeziehungen sprachlich-anschaulich fixieren. Ihr Ziel ist also die Fixierung eines Phantasiebildprodukts und kann daher unmöglich einen Sinn haben, der auf etwas anderes als die sinnliche Verwirklichung dieses Phantasieprodukts gerichtet ist.

Nach der gegenwärtigen Lage müssen Bildpartitur und sinnliche Ausführung ähnlich wie Bauplan und Bauausführung als eine untrennbare, geschlossene Einheit bewertete werden. Aus dieser Einheitlichkeit ergibt sich die Selbständigkeit der Filmkunst, also ihre Unabhängigkeit von einem Kunstwerk anderer Gattung. Dies hat ein hohes Maß von Einheitlichkeit der Wirkung zur Folge."

Hierzu bemerkt er noch auf Seite 473:

„So wenig ein Strom von seiner Quelle getrennt werden kann und ohne diese denkbar ist, so wenig ist eine Trennung des Endprodukts Film von dem Phantasieprodukt Film und das erstere ohne das letztere möglich. Wer vom Film spricht, muß die Gesamtheit von Phantasiegeschehen und seiner sinnlichen Darstellung meinen, und wer einen Film herstellt, bedarf des einen wie des anderen. Ob die Plangestaltung und die sinnliche Gestaltung durch den gleichen Künstler oder durch verschiedene erfolgen, ändert nichts an der Tatsache, daß beide zusammen erst das Filmwerk oder Filmkunstwerk ergeben."

Aus dieser Zusammenschau der an verschiedenen Stellen des umfangreichen Werkes gebrachten Ausführungen ergibt sich, daß Iros sehr wohl das Phantasieprodukt als eine hohe schöpferische Leistung anerkennt. Er betont aber ausdrücklich, daß die Bildpartitur lediglich die Bilder, Bildvorgänge und Bildbeziehungen sprachlich anschaulich fixieren soll. Er stellt dann auf Seite 473 weiter fest:

„Die Bildpartitur wird nach ihrer sinnlichen Verwirklichung in der Regel überflüssig und bedeutungslos, die literarische Dichtung (und die musikalische Komposition) behält ihren selbständigen Wert."

Hieraus erhellt zur Genüge, daß Ulmer die Bedeutung der Bildpartitur und der Gestaltungsakte im Iros'schen Sinne mißversteht und hieraus Folgerungen herleitet, die Iros (aaO. S. 167) expressis verbis ablehnt, so z. B. die Trennung in „Filmdichtung" und „Verfilmung" sowie die Anerkennung der Bildpartitur als eines selbständigen Kunstwerkes. Iros sieht in der Bildpartitur einen der vielen Akte, die zu einem einheitlichen, in sich geschlossenen Filmkunstwerk führen.

2. Die Trennung in Schöpfungsakte einerseits und Ausführungs- und Aufnahmeakte andererseits und demgemäß die Zuerkennung des Film-Urheberrechts an die Autoren und des Leistungsschutzrechts an den Hersteller beruht auf Verkennung der Bedeutung des Drehbuches, des Wesens der Formgebung und der Form selbst. Jedes Werk jeder Kunstgattung hat eine geistige Substanz, die in der ihm eigenen Form mit den ihm eigenen Ausdrucksmitteln dargebracht wird. Die geistige Substanz eines Filmes beruht zweifellos auf gedanklich-sprachlichen Formen, wie sie sonst in der Literatur verwendet werden. Sie erscheint aber nicht in den Formen der Sprache, sondern in der Ausdrucksweise des Filmes in Bildern und Bildfol-

gen. Die Sprache ist lediglich e i n Mittel zur Gestaltung der bildlichen Darstellung. Das Drehbuch in seiner in Bild und Ton aufgegliederten Darstellungsweise des Stoffes ist zwar ein schutzfähiges, doch unselbständiges Werk. Aber der geistige Gehalt allein ergibt noch nicht den Film, der ja der Formgebung bedarf. Man kann wohl den Stoff, also den geistigen Gehalt, in mehreren Kunstgattungen verwenden, aber jeweils immer nur in den ihnen eigenen Formen und mit den ihnen eigenen Ausdrucksmitteln. Die geistige Schicht, die jedem Werk zugrunde liegt, bleibt aber immer nur Idee und zwar solange, bis sie die ihr eigene Werkform gefunden hat. Beim Film gewinnt die Idee ihre Form aber noch nicht durch ein mehr oder weniger ausführliches Manuskript, sondern erst durch die Gestaltung des Stoffes mit den filmischen Ausdrucksmitteln in der Formgebung. Die Autoren gestalten nicht den Film, sondern ihren Beitrag, dem sie die für den Film benötigte Form geben. Was Ulmer als „Ausführung und Aufnahme" bezeichnet, ist Formgebung des Filmes und daher Phase des urheberrechtlichen Werkschaffens. Der zwischen die Schaffensakte und die Ausführungsakte gelegte Schnitt ist wohl arbeitsmäßig, aber nicht rechtlich bedeutungsvoll.

Die Parallele zur Baukunst, die mit *Liebeneiner* (aaO. S. 11) auch *Ulmer* (GRUR 1954, 498) zieht, ist aus folgendem Grunde fehl am Platze: In der Baukunst bleibt der Entwurf zu einem Bauwerk auch in der Ausführung in derselben Kunstgattung. Hier ist die Ausführung nichts anderes als die Vollendung der Schöpfung, wobei der Entwurf Form und Gestalt annimmt. Anders dagegen beim Filmwerk. Hier werden geistige Schöpfungen mehrerer Urheber aus verschiedenen Kunstgattungen zu einem Werk einer neuen Kunstgattung untrennbar vereinigt. Der Entwurf zu einem Film und seine Ausführung ist also nicht mit dem Entwurf zu einem Bauwerk und dessen Ausführung gleichzusetzen [69]). Hieran ändert auch der Hinweis von Iros (aaO. S. 167) auf die Ähnlichkeit von Bauplan und Bauausführung nichts. Iros zieht diese Parallele, um die untrennbare geschlossene Einheit des Filmschaffens und die Selbständigkeit der Filmkunst und ihre Unabhängigkeit von einem Kunstwerk anderer Gattungen herauszustellen. Von der rechtlichen Würdigung dieses Vergleichs abgesehen, will Iros das vermieden wissen, was Ulmer zur Grundlage seiner Theorie macht.

Wenn die Auffassungen über die Bedeutung des Filmmanuskripts für den Film und über das Filmwerk als solches soweit auseinandergehen, daß die Gegensätze schier unüberbrückbar erscheinen, so scheint die Ursache u. a. in der verschiedenartigen Anschauung über

---

69) Ebenso auch B u r k h a r d t , aaO., S. 163.

die Individualität des Werkschaffens, insbesondere über Inhalt und Form, zu liegen. *Ulmer* baut seine Theorie über die Filmurheber und den Leistungsschutz folgerichtig auf s e i n e r Auffassung von der Form auf, die ihm „als das Gewand und das Gerippe erscheint, in denen sich die geistigen Gehalte offenbaren". (Urheber- und Verlagsrecht S. 75 f.). Was Ulmer unter Form versteht, läßt sich nicht eindeutig feststellen, da er in diesem Sinne auch den Ausdruck „Formgebung" verwendet und auch die Formgebung ihrerseits als geistigen Akt anerkennt. Den Schwerpunkt legt Ulmer auf die Individualität, auf der die geistige Leistung beruht, und meint, „daß die schöpferische Leistung sich sowohl in der Form wie im Inhalt offenbaren könne." Das ist zweifellos richtig. Nun ist es aber nicht allein beim Film so, daß sowohl der Inhalt als auch die Form eine geistige Schöpfung sein können. Obwohl Ulmer auch die schöpferische Leistung in der Formgebung für möglich hält, verneint er beim Film die Formgebung und Form. Er will nur den Inhalt, also den Stoff oder die Fabel, als alleinige, individuelle Schöpfung gelten lassen. Ulmer berücksichtigt nicht, daß derselbe Stoff in verschiedenen Formen dargeboten werden kann, wie z. B. als Roman, Bühnenstück, Film, Hörspiel und Fernsehspiel. Für jede dieser Mitteilungsformen ist aber eine besondere Formgebung mit den spezifischen Ausdrucksmitteln erforderlich. *Hagemann* (aaO. S. 102) bemerkt hierzu:

> „Jede Aussage bedarf der Formung, damit ihr Inhalt den Empfängern übermittelt werden kann. Die Formgebung wird damit zum wesentlichen Bestandteil der Aussage; im Bereich der Kunst wachsen Inhalt und Form sogar zu einer untrennbaren Einheit zusammen."

Sehr eingehend hat sich *Béla Balács* (aaO. S. 293 ff.) mit Inhalt und Form auseinandergesetzt, wobei auch er dem Leitsatz folgt, daß in der Kunst Inhalt und Form organisch zusammenhängen und daß eine bestimmte künstlerische Form stets nur der adäquate Ausdruck eines bestimmten Inhaltes sein kann. Auch Balács hält es — entgegen diesem theoretischen Leitsatz — für möglich, den gleichen Stoff (= Inhalt) in eine andere Form zu gießen und meint, daß die Begriffe „Inhalt" und „Form" sich nicht genau mit dem decken, was man einmal Stoff, Handlung, Story oder Sujet und zum andern Kunstform (Kunstgattung) zu nennen pflegt. Bei seiner Untersuchung kommt Balács zu dem m. E. richtigen Ergebnis, daß der Inhalt aus dem Blickwinkel der verschiedenen Kunstformen bestimmt wird. Der Rohstoff selbst ist damit verschiedenartiger Formgebung zugänglich, während der Inhalt selbst die Form bestimmt. Balács sieht den Inhalt als Thema, das nur in einer Form adäquat ausgedrückt werden kann: „Dieses Thema, dieses, aus einem bestimmten Blickwinkel gesehene Stück Wirklichkeit (dieser Stoff) ist jener Inhalt, der die Form tatsächlich bestimmt."

Wenn Ulmer den Stoff nur in der Form des Drehbuches sieht und — urheberrechtlich gesehen — nur die Raupe, nicht aber den Schmetterling einer Betrachtung für wert hält (GRUR 1955, 520), so zeigt sich, daß er die Bedeutung der Form als solche und das Wesen der Formgebung überhaupt verkennt. Es geht beim Film nicht um Inhalt o d e r Form, sondern um Inhalt u n d Form. Das Zwischenstadium des Drehbuches oder die Raupe sind aber nicht die endgültige Form, um die es allein geht. *Werhahn* weist mit Recht darauf hin, daß es sich bei beiden um „Entwicklungsstufen" handelt, die zu einem innerlich und äußerlich veränderten Wesen bzw. Werk führen (Ufita Bd. 22 [1956], S. 52).

3. Wenn Ulmer zur Begründung des Leistungsschutzrechtes am Filmband auf die Parallele zum Hersteller von Tonträgern hinweist (GRUR 1955, 499), so übersieht er dabei folgendes: Auch wenn vorbestehende Musik in einen Film übernommen wird, muß sie dem Film angepaßt werden. Das heißt, ein Lied, das durchaus als selbständiges Urheberrechtsgut existieren kann, bedarf zur Übernahme in den Film eines musikalischen Rahmens. Es muß in die Filmmusik eingebettet werden. Damit entsteht in jedem Fall ein Bearbeitungs-Urheberrecht des Komponisten, aber das Lied ist nur ein Teil der Filmmusik und nur ein Bruchteil des Filmwerkes überhaupt. Es wird dem Bild zugeordnet und steht nicht mehr allein da wie auf einer Schallplatte oder einem Tonband. Beim Film verliert das Lied sein Eigendasein und geht in ihm auf.

Beim Tonträger dagegen wird das Lied als Komposition und als vollendetes Werk ohne weitere Bearbeitung übernommen. Es bleibt ein selbständiges, verkehrsfähiges Urheberrechtsgut, während es beim Film in der Formgebung untergeht. Ulmer übersieht bei diesem Vergleich, daß bei der Übertragung von Musikstücken — gleich welcher Art — auf Tonträger das schutzfähige Werk bereits formvollendet vorliegt. Es kann ebensogut in einem Konzertsaal aufgeführt oder durch Rundfunk gesendet werden. Die Übertragung auf Tonträger ist hier ja nur Vervielfältigung, also eine Form der Verwertung urheberrechtlichen Gutes, nicht aber Formgebung selbst. Man kann die Herstellung von Tonträgern nicht einmal als „Ausführung" im Ulmerschen Sinne bezeichnen, da Werkgehalt und Verbreitungsform einerseits dem Entwurf und seiner Ausführung andererseits gegenüberstehen.

Wenn Ulmer in diesem Zusammenhang vom Leistungsschutzrecht am Bildstreifen und vom Leistungsschutzrecht am Tonstreifen und ihrer Zusammenfassung zu einem einheitlichen Leistungsschutzrecht am Filmband spricht, so ist hierzu folgendes festzustellen: Es gibt in der Tat getrennte Filmbänder für Bild und Ton, aber auch nur im Endstadium der Produktion, wenn der Bild- und Tonschnitt beendet ist. Wenn z. B. Zweifel bestehen, ob Bild und Ton zueinanderpassen, oder ob noch Änderungen in dem einen oder anderen Teil notwendig sind, werden das noch getrennte Bild- und Tonband in einer „Zweiband-Vorführung", jedes auf einer anderen Vorführmaschine, gleichzeitig vorgeführt. Hierbei handelt es sich aber auch nur um interne Vorführungen der Produktion, also noch um Bild- und Tonmuster, die nicht den Anspruch auf endgültige Form erheben können. Für alle öffentlichen Vorführungen werden der Bild- und der Tonteil auf e i n Filmband kopiert. Das ist die „kombinierte Kopie", die für die gleichzeitige synchrone Wiedergabe von Bild und Ton bestimmt ist. Es ist also abwegig, von Bild- und Tonbändern beim Film zu sprechen, wenn man nicht den Produktionsvorgang selbst meint. An dem Bildteil und dem Tonteil können schon von der Sache her keine getrennten Aufführungsrechte bestehen. Das eine ist ohne das andere ein Torso, jeder Teil wirkt nur in Verbindung mit dem andern. Sie können auch nur in einer Einheit wirken, weil sie in Bild und Ton aufeinander abgestimmt sind.

Wie bereits dargelegt, kann man das Filmband (die Positivkopie) von dem Filmwerk nicht trennen. Obwohl es gewöhnlich eine Vervielfältigung ist — nicht beim Umkehroriginal — enthält es das Werk. Die Eigenart des Phänomens Film, daß man das Originalwerk in seiner Formgebung nur in der Projektion wahrnehmen kann, und daß es zwar in Filmrollen sichtbar, aber sonst verborgen ist, darf nicht zu der Annahme verleiten, daß das Filmband als Vervielfältigung weniger bedeutend sei als das Werk. Ohne Filmband gibt es im Gegensatz zur Schallplatte kein Filmwerk. Dort ist es reine Vervielfältigung, und hier ist es zugleich das Werk. Infolgedessen muß man zugleich mit dem Filmwerk auch das Filmband in den urheberrechtlichen Schutz miteinbeziehen. Zu dem gleichen Ergebnis kommt von der Sache her auch *Iros,* wenn er aaO. auf Seite 473 folgendes ausführt:

> „Die Leute, die unter ‚Film' nur das Filmband verstehen, auf das ein Geschehen projiziert worden ist und die Geburt des Films mit dem Beginn der Abbildung auf das Filmband gleichsetzen, schließen das geistige Material von dem Begriff Film und Filmschöpfung aus. So wenig ein Strom von seiner Quelle getrennt werden kann und ohne dieses denkbar ist, so wenig ist eine Trennung des Endprodukts Film von dem Phantasieprodukt Film und das erstere ohne das letztere möglich. Wer von Film spricht, muß die Gesamtheit von

Phantasiegeschehen und seiner sinnlichen Darstellung meinen, und wer einen Film herstellt, bedarf des einen wie des andern. Ob die Plangestaltung und die sinnliche Gestaltung durch den gleichen Künstler oder durch verschiedene erfolgen, ändert nichts an der Tatsache, daß beide zusammen erst das Filmwerk oder Filmkunstwerk ergeben."

Damit gibt es aber keine tieferliegende, urheberrechtlich bedeutsame Schicht, die das Film-Urheberrecht des Drehbuch- und Musikautors rechtfertigt. Der Film ist eine gestaltete Werkeinheit. Wenn die These von der geistigen Schicht richtig wäre, brauchte man ja nicht mehr das optisch-akustische Filmwerk, denn jeder Filminteressent könnte das Werk des Filmurhebers aus der nächsten Leihbücherei beziehen. Seit etwa 40 Jahren gibt es Filmdrehbücher für die Herstellung, aber nicht für den Buchvertrieb. Es muß also wohl schon einige Gründe geben, wenn sich bisher keine Verleger für die Verbreitung von Drehbüchern interessiert haben. Die geistige Schicht ist daher allein in dem Filmwerk und damit in der Filmkopie und nicht in dem Drehbuch oder der Filmmusik zu suchen. Wenn das Gegenteil zuträfe, wären, worauf *Lehnich* (Ufita Bd. 10 [1937], S. 11) mit Recht hinweist, die Urheber des Drehbuches und der Komposition bereits Filmurheber, bevor der Film geschaffen ist.

Ulmer beruft sich zur Begründung seiner Theorie zweimal auf den Grundsatz des Juristen: *suum cuique tribuere* (GRUR 1954, 496; 1955, 524). Dem ist in vollem Umfang zuzustimmen, aber noch hinzuzufügen: *sed non plus ultra.* Dies tut aber Ulmer, wenn er seinen Filmurhebern mehr Rechte zugesteht als sie auf Grund ihres schöpferischen Beitrages in Wirklichkeit verdienen.

4. Merkwürdigerweise bezeichnet *Baum* die Theorie von Ulmer „als schlechthin vollkommen" (GRUR 1952, 480). Er kommt zu dieser Feststellung, obwohl er an seinen nicht nur von ihm als richtig erkannten Gedanken über die Urheber benutzter Werke festhält. Baum verweist in diesem Zusammenhang auf seinen in GRUR 1930 Seite 935 veröffentlichten Aufsatz, dessen Kernsatz er in der Fußnote 1 wiedergibt. Danach wird der Film, indem er den Inhalt des drehreifen Buches in eine neue typische Form gießt, zum urheberrechtlich relevanten Werk, das aber kraft der ihm verliehenen Form ein *aliud*, ein *novum* gegenüber allem darstellt, was vor seiner Herstellung vorhanden war. Es genieße urheberrechtlichen Schutz, weil es einen vom Verfasser des drehreifen Buches stammenden Inhalt aus der ihm vom Verfasser gegebenen Form in eine andere, nicht minder relevante Form bringe. Baum stellt (aaO. S. 483) weiter fest, daß der Film etwas anderes sei als die Addition der in ihm verwendeten Werke. Mit dem darnach folgenden Satz: „Die Urheber

an den letzteren sind keineswegs auch die Urheber des Filmwerkes" widerspricht Baum, ohne es zu wissen, der Auffassung von Ulmer, der ja den Drehbuchautor, Komponisten und eventuell auch den Regisseur als Filmurheber ansehen will (GRUR 1955, 525). Auf den Widerspruch zu der von Ulmer früher (GRUR 1952, 7) abgelehnten Annahme eines Miturheberrechts hat *Roeber* bereits hingewiesen (Ufita Band 22 [1956], S. 8, Fußnote 18). Baum übersieht offenbar auch, daß er mit der Anerkennung der Ulmerschen These seine eigene Auffassung vom Film als urheberrechtlich relevantem Werk und damit die verliehene Form als *aliud* und *novum* ablehnt. Baum verkennt ebenso wie Ulmer das Wesen des Filmes und findet die Lösung der Urheberschaftsfrage bestechend, weil der Hersteller ein originäres Leistungsschutzrecht erhalten soll, das ihm noch bei Anwendung bisheriger urheberrechtlicher Grundsätze versagt werden muß. Zu der von Baum im Jahre 1930 geäußerten Ansicht, daß der Verfasser des drehreifen Buches mit dem Inhalt auch die Form des Filmes gebe, ist lediglich zu bemerken, daß der Drehbuchautor zwar Inhalt und Aufbau des Filmes gibt, nicht aber schon die filmeigene Form, die erst im Wege der Formgebung durch spezifische Ausdrucksmittel während der Filmherstellung erfolgt. *Troller* (aaO. S. 163 ff.), identifiziert sich nicht unbedingt mit der Ulmerschen These. Er anerkennt das Filmwerk als Kunstwerk eigener Art, das aus Beiträgen verschiedener Kunstgattungen verbunden ist. Troller betrachtet den Vorschlag von Ulmer als sehr wertvolle Basis, vielleicht auch als Lösung. *Hubmann* (aaO. S. 183), der auch der Leistungsschutz-Theorie von Ulmer folgt, erkennt zwar richtig, daß die Beiträge der Mitwirkenden nicht von gleicher Art und von gleichem Wert sind. Er geht aber an der Tatsache vorbei, daß die Beiträge in der gelieferten Form im Verhältnis zum Film unselbständig sind und Bestandteile des Filmwerkes werden. Selbständig verwertbar außerhalb des Filmwerks sind sie jedoch erst nach neuer Bearbeitung. *Kleine*[70]) geht sogar so weit, als Urheber des Filmes nicht nur die Urheber der effektiv geleisteten Beiträge, wie Drehbuch, Komposition usw., sondern auch die Schöpfer der vorbestehenden Werke, wie Romane, Dramen und vorbestehende Musik anzusehen, was Ulmer mit Recht ablehnt (GRUR 1955, 522). Es läßt sich nur schwer vorstellen, daß man Schiller und Goethe als Filmurheber bezeichnen kann. Sie lieferten nichts anderes als den Stoff zu unzähligen Filmen, aber nicht deren Form. Im übrigen folgt Kleine der Begründung von Ulmer, ohne jedoch neue Gedanken dazu beizutragen. Er spricht von einer „Zusammenfassung der ein-

[70]) **Kleine**, Heinz, in: BBl. Frkft. Ausg. 1955, 373.

zelnen Beiträge zur Erstellung des Filmes" und meint, daß sich für das Filmband ein Schutzrecht anbiete. Kleine sieht ebenso wie Ulmer in dem Filmschaffen lediglich die technische Zusammenfassung der Beiträge und bemerkt nicht, daß durch technische Hilfsmittel ein neues Werk geschaffen wird. Auch *Sutermeister* (aaO. S. 24 ff.) ist bei seiner filmrechtlichen Betrachtung noch völlig in den Anschauungen des klassischen Urheberrechts befangen. Von der Verwandtschaft des Tonfilmes mit Oper und Operette ausgehend, kommt er zu dem Ergebnis, daß der Tonfilm künstlerisch nichts Neues sei. Er sieht die Neuerung lediglich auf technischem Gebiet und trennt daher die Mitarbeit in eine schöpferische, ausführende und technische. Für ihn ist der Film kein neues eigenes Werk, sondern realisierte Schöpfung des drehreifen Buches und der Musikpartitur. Die Filmherstellung ist für Sutermeister ebenso wie für Ulmer technische Realisierung und Ausführung des schöpferischen Planes (S. 29/30). Auch Sutermeister verkennt das Wesen des Filmes, wenn er Drehbuch, Musik und Bauten mit dem fertigen Film gleichsetzt. Hier *pars pro toto* zu setzen, ist eine Rechnung, die nicht aufgehen kann.

Die geistigen Schöpfungen für einen Film kommen aus verschiedenen Kunstgattungen und ergeben eine neue Kunstgattung. Die „Lehre vom Urheberrecht der geistigen Schöpfer" trifft in vollem Umfang für individuelle Schöpfungen in einer Kunstgattung zu, sie paßt aber in keiner Weise auf Filmwerke, an deren Schaffung Schöpfer aus verschiedenen Kunstgattungen mitwirken. Wenn Drehbuchautor, Komponist und Architekt getrennt voneinander bestehende Urheberrechte an dem neuen Werk haben und einander in der Verwertung ihrer Werke beeinträchtigen, ja aus persönlichkeitsrechtlichen Befugnissen sogar die Herstellung und Verwertung des Filmwerkes unterbinden können [71]), so zeigt sich, daß diese Konstruktion sowohl von der Theorie als auch von der Praxis her unhaltbar ist.

Ulmers wohldurchdachter Vorschlag, der eine Lösung des strittigen Problems der Filmurheberschaft bringen sollte, muß daran scheitern, daß Ulmer die neuen Formen des Werkschaffens den klassischen Grundprinzipien des Individual-Urheberrechts unterordnen will. Ulmer verschließt sich damit der Erkenntnis von Kunst und Wissenschaft, daß neben den klassischen Kunstgattungen neue Kunstformen entstanden sind, die auch rechtlich anders behandelt werden wollen. *Roeber* hat in Ufita Bd. 18 (1954) S. 9 ff., allerdings

---

71) Hierauf weist auch B a u m hin GRUR 1952, 481.

mehr mit rechtsdogmatischen Gründen, aber überzeugend, gegen den Ulmerschen Vorschlag Stellung genommen[72]).

Auch *Haensel*[73]) lehnt, wenn auch aus anderen Gründen, das Leistungsschutzrecht des Herstellers ab. *Werhahn* (Ufita Bd. 22 [1956], S. 42 ff.) sieht in dem Film eine eigene Werkgestalt, die der Film durch die schöpferische Tätigkeit erst während der Dreharbeiten annimmt. Im Ergebnis kommt auch er zu einer Ablehnung vom Leistungsschutzrecht des Herstellers. Mit überzeugenden Gründen lehnen auch *Berthold-Hartlieb* (aaO. S. 92 ff.) die Ulmersche Konzeption ab.

Auch der Entwurf 54 folgt der Ulmerschen These von dem Filmurheber- und Leistungsschutzrecht nicht (Begründung S. 218) und kommt damit der Auffassung von der künstlerischen und rechtlichen Einheit des Filmwerkes schon näher. Er unterscheidet zwischen dem Urheberrecht an den zur Herstellung eines Filmes benützten Werken, dem Urheber am Filmwerk selbst und den Leistungsschutzrechten der ausübenden Künstler (Begründung S. 214, 217). Der Entwurf 54 scheidet mit Recht die Urheber der vorbestehenden Werke, zu denen er auch das Drehbuch und die Filmmusik zählt, als Urheber des Filmwerkes aus, „weil das Filmwerk etwas anderes und mehr ist als nur die Darstellung der für das Filmwerk benutzten Werke."

Die Erwiderungen Ulmers zu den typischen Einwänden gegen die rechtliche Aufspaltung des Filmwerkes vermögen nicht zu überzeugen. Sein Vergleich der künstlerischen Einheit des Films mit der künstlerischen Einheit einer Kirche oder eines Schlosses, an denen eine Mehrheit von Rechten für Architektur, Plastik und Malerei bestehen, verkennt, daß es sich hierbei um selbständige, individuelle Schöpfungen handelt, die allein und unabhängig voneinander ein selbständiges künstlerisches und rechtliches Dasein führen können, ohne daß sie einer weiteren Bearbeitung bedürfen. Von einer künstlerischen Einheit bei Kirchen und Schlössern kann man doch nur sprechen, wenn sie von vornherein mit allen Fresken, Skulpturen, Gemälden usw. als solche gestaltet ist und das eine oder das andere unvollständig oder ein Torso wäre. Die Zusammengehörigkeit müßte evident sein. Die meisten Kirchen und Schlösser sind ja erst im Laufe der Zeit zu einer künstlerischen Einheit gewachsen. Beim Filmwerk dagegen handelt es sich um eine gewollt und bewußt gestaltete Einheit, die untrennbar und unteilbar ist, wenn man das Werk nicht verstümmeln will.

---

72) Ihm schließen sich an: J o s e p h - R i e d e l GRUR 1954, 174; P f e n n i g Ufita Bd. 19 (1955) S. 180.
73 H a e n s e l, Carl, Leistungsschutz oder Normalvertrag, Hamburg 1954, S. 92.

Ebensowenig trifft Ulmers Stellungnahme zu dem „künstlerischen Mehrwert", der im Einklang von Bild und Musik liege, den Kern. Diese Verlagerung des Mehrwertes in die „Sphäre künstlerischer Ausführung" ist zwar richtig gesehen, aber es handelt sich hierbei — wie bereits dargelegt — nicht um die Ausführung, sondern um die Formgebung selbst. Was Ulmer als „Aufbau, Struktur und Komposition" bezeichnet, ist nichts anderes als die „Bildpartitur", die er allein in den Mittelpunkt der urheberrechtlichen Würdigung eines Filmwerkes stellt.

Wenn aber die „Sphären der geistigen Schöpfung" und die „Sphäre der künstlerischen Ausführung" in der Ebene der Formgebung zusammenfallen, ist auch kein Raum mehr für ein Leistungsschutzrecht des Herstellers. Die Stufe der Realisation, wie Ulmer sie nennt, existiert in Wahrheit gar nicht. Sie ist Schöpfungsebene, in der die Formgebung erfolgt. Das Ergebnis der Formgebung ist in jedem Falle ein urheberrechtliches Werk.

XI. Werkbeiträge — Beitragsurheber

Die bisherigen Untersuchungen haben gezeigt, daß ein Filmwerk durch schöpferische Leistungen aus verschiedenen Kunstgattungen geschaffen wird. Es sind dies die Leistungen des Drehbuchautors, Filmkomponisten, Filmarchitekten, Regisseurs, Kameramannes, Cutters und deren Assistenten, soweit diese bei der Formgebung mit tätig werden. Jeder dieser Mitwirkenden erbringt eine Einzelleistung, die allein für sich genommen nur ein Teil der Gesamtschöpfung ist [74]). Auch die Summe dieser Einzelleistungen ergibt noch nicht den Film. Erst wenn alle Einzelleistungen durch die filmeigenen Ausdrucksmittel im Wege der Formgebung miteinander verbunden werden, entsteht das Filmwerk. Keiner der Mitwirkenden kann das Urheberrecht am Filmwerk für sich allein in Anspruch nehmen, da die Einzelleistung einer anderen Kunstgattung angehört und zur Formgebung und Form eines neuen Werkes nicht ausreicht. Diese Feststellung schließt aber nicht aus, daß die Urheberschaftsfrage gelöst werden kann, wenn man das Urheberrecht der eingetretenen Entwicklung anpassen will. Man muß sich hierbei immer vor Augen halten, daß der Film ein Werk ist, das über die dem Gesetzgeber von 1910 bekannten Schöpfungsmöglichkeiten hinaus geschaffen werden kann, und zwar mit Hilfe technischer und wirtschaftlicher Mittel, die ein Individuum allein nicht mehr anzuwenden und aufzubringen in der Lage ist. Sie einzu-

74) Runge GRUR 1956, 407 stellt hierzu fest: „Trotz hervorragender Einzelleistungen fehlt beim Gruppenwerk der Leistung des Einzelnen die Vollendung des Ganzen."

setzen geht über die geistige und wirtschaftliche Leistungsfähigkeit des Individuums hinaus [75]). Aber darum bleibt das mit Hilfe neuartiger Schöpfungsmittel geschaffene Werk doch eine geistige Schöpfung im bisherigen Sinne, nur daß es nicht mehr die Schöpfung eines einzelnen Menschen, eines Individuums, ist.

1. *De Boor* hat diese Schöpfungsmöglichkeit schon vor mehr als 20 Jahren erkannt und sie als „Werkschöpfung durch organisierte Arbeitsgemeinschaft" bezeichnet (ZAKdR 1935, 830 ff.). Diese Form der Werkschöpfung auf den Film anwendend, fährt de Boor fort: „Gleichwohl bleibt die Möglichkeit, daß Tatbestände dieser Art vorkommen und nur nicht gesehen, nicht in ihrer Sonderart erkannt und geregelt sind." Zu der Zeit, als de Boor diesen Weitblick für neue Möglichkeiten der Werkschöpfung hatte, waren das Magnettonband und das Tefi-Schallband als geeignete Tonträger für die Fixierung von Hörspielen und Hörbildern noch in der Entwicklung. Seit geraumer Zeit wird jedoch von den Rundfunkanstalten das Magnettonband für die Fixierung von Hörspielen verwendet, die dann vom Band gesendet werden. Für Schulen werden schon seit einiger Zeit Hörwerke auf Ton- und Schallband hergestellt und im Unterricht vorgeführt. Bei der Entwicklung der Technik ist es nur eine Frage der Zeit, bis derartige Bänder auch im freien Handel erhältlich sind. Der von de Boor vorausgesehene Zeitpunkt, in dem auch andere als Filmwerke durch organisierte Arbeitsgemeinschaft geschaffen werden, ist schon seit einigen Jahren da. Die Herstellung von Fernseh- und Hörwerken bedarf einer besonderen Betrachtung, da diese zwar den Schöpfungsvorgang mit dem Filmwerk gemeinsam haben, aber in Form und Ausdrucksmitteln verschieden sind. Die These von der organisierten Arbeitsgemeinschaft, der sich auch *Hoffmann* und *Ruszkowski* angeschlossen haben, hat *Roeber* in Ufita Bd. 22 (1956) S. 29 ff. ausführlich dargestellt.

2. Wenn man nun die Werkschöpfung durch organisierte Arbeitsgemeinschaft beim Film untersucht, so ergibt sich, daß die Einzelleistungen schutzfähige Werke ihrer Gattung im Sinne des Urheberrechts sind. Da sie in dem neuen Werk aufgehen, bezeichnet man sie zweckmäßig als „Beiträge" zu dem Filmwerk. In der Rechtsliteratur ist schon frühzeitig darauf hingewiesen worden, daß es sich bei den schöpferischen Leistungen um B e i t r ä g e handelt. Das hat *Hoffmann* (Entw. 33. S. 33 f., 72; JW 1936, 1501) richtig erkannt, wenn er feststellte, daß die Einzelleistungen zu unselbständigen Bestandteilen des gesamten Kunstwerkes werden. Nur wenn ein Einzelbeitrag,

[75]) R u s z k o w s k i in Ufita Bd. 9 (1936) S. 169: „Das Schaffen eines Filmwerkes übersteigt die Kräfte eines einzelnen." Nunmehr erkennt auch R u n g e den „Wandel in der Art des Schaffens" (GRUR 1956, 408)

z. B. der sog. Tonfilmschlager, einzeln verwertbar sei, könne es ein Urheberrecht an diesem selbständigen Beitrag geben. Hoffmann übersieht bei dieser Feststellung aber, daß der Tonfilmschlager ja in die ganze Filmmusik eingebettet ist, aus der er erst herausgelöst werden muß, wenn er ein selbständiges Dasein mit eigenem Urheberrecht führen will. Im Filmwerk selbst ist der Musikteil ein unselbständiger Beitrag, der auf das Filmwerk zugeschnitten, ihm angepaßt ist und in ihm aufgeht. Selbständig kann die Tonfilmmusik erst nach neuer Bearbeitung werden, aber zum Film ist die Musik in der Tat nur ein Beitrag, wie immer sie auch gestaltet sein mag. Auch *Ruszkowski* spricht 1936 schon von Werkbeiträgen zu Filmen. (Ufita Bd. 9, S. 170). In jüngster Zeit gebrauchen den Ausdruck „Beiträge" auch *Streicher* (aaO. S. 46 u. 97), *Schramm* (Ufita Bd. 19 [1955] S. 99), *Burkhardt* (Ufita Bd. 19 [1955] S. 164), *Pfennig* ebenda S. 184, *Wehrhahn* (GRUR 1954, 17; Ufita Band 22 [1956] S.46), *Hubmann*[76]), *Kleine* BBl 1955, 373; Entw. 54 Begründung S. 218, 221. *Runge* GRUR 1956, 407; *Troller* aaO. S. 165, 167; *Berthold-Hartlieb* aaO. S. 75; *v. Gamm* aaO. S. 18; *Ulmer* spricht in GRUR-AT 1953 S. 188 ff. mehrfach von „Urhebern von Filmbeiträgen" und bezeichnet das Drehbuch, das im Auftrag des Unternehmers geschrieben ist, als „Filmbeitrag" (S. 191). Ebenso erkennt das Schweizerische Bundesgericht in seinem Urteil vom 16. 3. 48, daß die schöpferisch Mitwirkenden zweckbedingte Beiträge leisten, die nur auf den Tonfilm zugeschnitten sind. Wenn im Schrifttum vielfach von „schöpferischen Einzelleistungen" gesprochen wird, so deckt sich das inhaltlich mit dem, was hier unter Beitrag verstanden wird. Trotz der häufigen Verwendung der Ausdrücke „Beiträge zum Film" und „Filmbeiträge" hat sich noch keine eindeutige Begriffsbestimmung herausgebildet. Wenn man in Verbindung mit dem Film von einem „Beitrag", „Werkbeitrag" oder „Filmbeitrag" spricht, muß man sich darüber klar sein, daß seine tatsächliche und rechtliche Bedeutung einen anderen Inhalt hat als der „Beitrag zu einem Sammelwerk" im Sinne von § 4 LUG, §§ 6, 11 KUG. Während hier die Beiträge selbst formvollendet und tatsächlich und rechtlich selbständige, verkehrsfähige Werke sind, fehlen den Filmbeiträgen diese Eigenschaften. Zur Abgrenzung dieser Inhalte ist folgendes festzustellen: Die Werkbeiträge haben als solche eine arteigene, zweckbedingte und zweckgebundene Form, soweit sie das Drehbuch, die Komposition und die Architektur betreffen. In dieser Form sind die Beiträge so lange tatsächlich und auch rechtlich selbständig, bis sie in einem Filmwerk aufgehen[77]).

---

76) Hubmann, Heinrich, Das Recht des schöpferischen Geistes. S. 183.
77) So auch Ruszkowski Ufita Bd. 9 (1936) S. 169.

3. Infolge ihrer Zweckbestimmung sind sie aber nur beschränkt verwendungs- und verkehrsfähig, da sie für ein anderes als das vorgesehene Werk nicht zu gebrauchen sind. Mit ihrer Verwendung im neuen Werk verlieren die Beiträge aber ihre zweckbedingte Form, die für den Beitragsurheber nur noch Erinnerungswert hat. Übrig bleibt lediglich noch der Stoff des Drehbuches, die musikalische Konzeption und der Entwurf der Architektur. Rechtlich gesehen, verlieren die Beiträge im Verhältnis zum fertigen Film im Zeitpunkt der Verwendung die ohnehin beschränkte Selbständigkeit und werden unselbständige Bestandteile des neuen Werkes, von dem sie nicht mehr zu trenen sind [78]). Infolgedessen kann man ihnen auch kein selbständiges Vor- oder Aufführungsrecht mehr geben. Beim neuen Werk werden ja nicht allein die einzelnen Beiträge, sondern ein neues, anders Werk vorgeführt, in dem sie, mit- und untereinander zu einer neuen Form verbunden, aufgegangen sind [79]). Die Beiträge existieren also nicht mehr. *Iros* bemerkt (aaO. S. 181) hierzu:

> „Da es in den zusammengesetzten Künsten eine Gleichrangigkeit der zum Einsatz kommenden Kunstelemente nicht gibt und andererseits der Tonfilm weder dem musikalischen noch dem dichterischen Eigengesetz gehorchen kann, muß er dem filmischen, also bildgestaltenden, Gesetz untertan sein."

Im übrigen wird zur Frage der rechtlichen Bewertung von Drehbuch und Musik auf die obigen Abschnitte VI und VII verwiesen.

Diese Beschränkungen schließen natürlich nicht aus, daß Idee, musikalische Konzeption oder Entwurf einer anderweitigen Verwendung zugänglich ist. Zu diesem Zweck müssen die Beiträge jedoch bearbeitet, d. h. in eine verwendbare Form gebracht werden, die dann wieder ein tatsächliches und rechtlich selbständiges Dasein führen kann. Das heißt also, daß Stoff und Idee einer anderen Formgebung zugänglich sind, während der Filmbeitrag in seiner zweckbestimmten Form nur für die Filmgestaltung verwendet werden kann. Dies gilt auch für die Wiederverfilmung eines Stoffes, der — wenn auch dem Inhalt nach, so doch in anderer Aufmachung — dem Zeitgeschmack entsprechend dargestellt wird. Hierauf weist auch Sutermeister hin (aaO. S. 31), und die Wiederverfilmung früherer Stoffe ist das beste Beispiel dafür. Infolgedessen bedarf es auch hierzu eines neuen Drehbuches, einer neuen Komposition und Architektur. Jeder Werkbeitrag hat also die ihm eigene Form und Ausdrucksweise.

---

78) Dies erkennt auch Runge, wenn er in GRUR 1956, 407 folgendes feststellt: „Der einzelne liefert nur unselbständige Beiträge zum Gesamtwerk, die sich nicht von einander trennen lassen und die zueinander gehören, weil sonst die Gesamtleistung nicht vollendet werden kann."

79) So auch Streicher, aaO., S. 178, für die Filmmusik.

4. Ebenso verhält es sich auch mit den Beiträgen der sonstigen Filmschaffenden, wie Regisseur, Kameramann, Cutter usw. Durch ihre schöpferischen Leistungen tragen sie zur Formgebung des Filmwerkes bei. Es sind auch dies Einzelleistungen, die nicht für sich allein bestehen können und nur in Verbindung mit den sonstigen Beiträgen das Filmwerk ergeben. Obwohl diese Beiträge keine sichtbare äußere Form haben, gehen sie über die reine künstlerische Reproduktionsleistung hinaus und nehmen schöpferischen Charakter an, da sie der Formgebung des Werkes zugehören. Sie stehen den formgebundenen Beiträgen der Drehbuchautoren, Komponisten, Architekten usw. als formfreie oder formlose Beiträge gegenüber. Diese Beitragsform ist nur in der Analyse des Filmwerkes erkennbar, ohne daß sie als solche selbständig verwertbar wäre. Lediglich der Beitrag des Kameramannes könnte ein Eigendasein insofern führen, als Teile des Bildbandes auch für andere Filme verwendet werden können.

Die Filmdarsteller erbringen nach einhelliger Auffassung nur künstlerische, aber keine schöpferischen Leistungen. Wenn von der Qualität ihrer Darstellung vielfach auch der Kunstwert eines Filmes abhängen mag, so rechtfertigt diese noch nicht die Anerkennung eines schöpferischen Beitrages, da es sich lediglich um Darstellung und Ausführung, nicht aber um Formgebung handelt. Ihre Leistungen sind ebenso wie die darstellerischen Fähigkeiten von Gegenständen Ausdrucksmittel in der Hand des Regisseurs.

Es ergibt sich also, daß das Filmwerk aus Beiträgen verschiedenartiger Kunstgattungen zusammengesetzt ist, die durch schöpferische und künstlerische Leistungen mit filmeigenen Ausdrucksmitteln unter- und miteinander verbunden werden [80]). Weil die Beiträge aber in ihrer Zweckbestimmung nur für einen bestimmten Film geschaffen sind, können sie im Verhältnis zum fertigen Filmwerk nur als unselbständiger Beitrag angesehen werden, der sich mit der Gestaltung erschöpft und im Film aufgeht.

5. Die Urheber dieser Beiträge sind lediglich Beitragsurheber und nicht Urheber des Filmes. Sie können es nicht sein, weil der Film einer anderen Kunstgattung angehört und mehr ist als der einzelne Beitrag und mehr als die Summe der Einzelbeiträge [81]). Die Beitragsurheber können daher auch nicht mehr Rechte beanspruchen als mit ihrem Beitrag verbunden sind. Wenn man ihnen mehr Rechte gibt als ihnen zustehen, kann das nur zu Lasten anderer Rechtsinhaber erfolgen. Das kann aber wiederum nicht rechtens

---

80) So auch Streicher, aaO., S. 97.

81) So auch Hoffmann, Entw. 1933, S. 34; de Boor ZAKdR 1935, 831; Baum GRUR 1952, 483; Roeber Ufita Bd. 22 (1956) S. 7.

sein, um so weniger, als beim Filmwerk etwas anderes geschaffen wird als das, was die schöpferische Leistung des einzelnen Beitragsurhebers darstellt. Sie wird zum mehr oder weniger bedeutungsvollen Bestandteil eines neuen Werkes, so daß ihr Urheber rechtliche Befugnisse nur entsprechend der Bedeutung des Beitrages beanspruchen kann. Natürlich kann man über Wert und Bedeutung eines Beitrages streiten, aber er bleibt halt nur ein Beitrag zu einem anderen Werk. Die Beitragsurheber kennen den Wert ihrer schöpferischen Leistung durchaus und bemessen danach auch ihre Honorare, die im Verhältnis zu den Kosten des Gesamtwerkes auch immer nur einen Teil ausmachen. Wenn man die wirklichen Verhältnisse des Filmschaffens als Wertmaßstab für die schöpferischen Leistungen anlegen will, kommt man auch von der wirtschaftlichen Seite her zu dem Ergebnis, daß hier nur Teilleistungen vorliegen.

6. Die Beitragsurheber werden sich im Gegenteil auch eine Beschränkung ihrer Persönlichkeitsrechte gefallen lassen müssen. Auf Grund der Notwendigkeit, schöpferische Leistungen jeder Art der Filmform anzupassen, d. h. sie in urheberrechtlichem Sinne zu ändern oder zu bearbeiten, rechnet und muß jeder Filmschaffende mit Änderungen seiner geistigen Konzeption rechnen. Der Beitragsurheber unterwirft sich, wenn er keinen ausdrücklichen Vorbehalt macht, den Gepflogenheiten in der Filmproduktion. Er verzichtet insoweit auch auf ihm sonst vorbehaltene Befugnisse, wie z. B. das Veröffentlichungsrecht, und kann dann auch keine persönlichkeitsrechtlichen Ansprüche geltend machen, soweit sie Inhalt, Ausdrucksmittel und Form betreffen. Sein Beitrag ist ja nur eine schöpferische Teilleistung mit dem Zweck, in dem Film — einem anderen Werk — verwendet zu werden. Wer keine Alleinschöpfung mit allen sich daraus ergebenden Rechten vollbringen kann, sich aber mit einem Beitrag am Werk einer anderen Kunstgattung beteiligen will, muß die Gegebenheiten des anderen Kunstschaffens hinnehmen. Für seine Teilleistung muß er selbstverständlich ein angemessenes Honorar erhalten, wobei es der Vereinbarung überlassen bleibt, wie und in welcher Form die Zahlung erfolgen soll. Da die Formgebung des neuen Werkes oft eine Änderung oder Umwandlung des Beitrages erfordert, muß der Beitragsurheber sie gegen sich gelten lassen. Mit Beginn der Verwendung seines Beitrages kann er auch nicht mehr von seinem Rückrufsrecht Gebrauch machen [82]), weil dies zu einer Beeinträchtigung der Interessen der anderen Beitragsurheber und des Herstellers führen könnte. Ebensowenig darf er seinen Beitrag anderweitig verwenden, wenn er sich diese Verwertung nicht

---

82) Ebenso auch Pfennig, Ufita Bd. 19 (1955) S. 184.

ausdrücklich vorbehalten hat. Die notwendige Rücksichtnahme auf die Gestaltung des neuen Werkes läßt für das Persönlichkeitsrecht des Beitragsurhebers wohl lediglich die Entscheidung offen, ob er in dem neuen Werk als solcher genannt sein will oder nicht. Auf diese Fragen wird noch im nächsten Abschnitt einzugehen sein.

Wenn man die Beitragsurheber lediglich als Urheber ihrer Beiträge ansieht, beantworten sich auch die Streitfragen, ob neben den formgebundenen Beiträgen des Drehbuchautors, des Komponisten, des Architekten, Zeichners und Kameramannes auch die formfreien Beiträge des Regisseurs, Dialogregisseurs, Cutters, Farbberaters, Tonmeisters, Beleuchters, Maskenbildners, Herstellers, Produktionsleiters und aller Assistenten usw. usw. als selbständige Werke im bisherigen urheberrechtlichen Sinne anzusehen sind. Die etwaigen schöpferischen Leistungen aller an der Herstellung Beteiligten bleiben voneinander unabhängige, unselbständige Beiträge mit den dargelegten rechtlichen Beschränkungen. Damit ist auch die vielzitierte Gefahr einer „Atomisierung" des Filmurheberrechts behoben.

XII. Gesamtwerk — Gesamturheber

Wenn nach den bisherigen Feststellungen der Werkbegriff des geltenden Urheberrechts auf die Filmwerke nicht zutrifft, ist es geboten, für diese neue Kunstgattung auch einen anderen Werkbegriff zu bilden. In meinen „Gedanken zur Entwicklung eines Gesamturheberrechts" (Ufita Bd. 22 [1956] S. 63 ff.) habe ich auf Parallelen des Films zu Fernseh- und Hörwerken hingewiesen und für diese Werkformen den Begriff „Gesamtwerk" vorgeschlagen.

Diese drei Werkarten haben folgende gemeinsame Merkmale: Ihr Stoff wird in gegliederter Form in einem Manuskript festgelegt, durch Bilder und / oder Töne im weistesten Sinne dargestellt, mit Hilfe technischer Mittel auf einem besonderen Material fixiert und in eine neue Form gebracht. Die Werke als solche sind nicht sichtbar und können nur durch entsprechende Wiedergabegeräte wahrgenommen werden. Diese Werke erhalten ihre Form in der Regel nicht von einer Einzelperson, sondern von einer Personenmehrheit. Zur Formgebung ist ein nicht unbeträchtlicher technischer und wirtschaftlicher Aufwand erforderlich.

Vor kurzer Zeit hat *Runge* das „Gruppenwerk als Objekt des Rechtsschutzes" zur Diskussion gestellt (GRUR 1956, 407). Runge geht vom teamwork aus, das gemeinschaftlich Werke schafft. Als solche Gemeinschaftsleistungen sollen gewisse Filme, Funk- und Fernsehsendungen gelten. Den Herstellern will er ein Leistungsschutzrecht zugestehen. Runge erkennt richtig, daß zwischen Film,

Funk und Fernsehen gewisse verwandtschaftliche Beziehungen mit ähnlichen rechtlichen Problemen bestehen. Er übersieht aber, daß es sich bei einer bestimmten Gruppe von Funk- und Fernsehsendungen um Schöpfungen handelt, die ausschließlich für eine akustische Wiedergabe durch den Lautsprecher bezw. eine optisch-akustische Wahrnehmung durch das Fernsehgerät gestaltet sind. Hierbei handelt es sich um Werkformen, die einen Werkgenuß nur in der jeweiligen Wiedergabeform gestatten. Für andere Zwecke sind sie nicht verwendbar. Hier stoßen wir auf die gleichen Probleme wie beim Film. Sind sie Werke im urheberrechtlichen Sinne? Sind die schöpferischen Kräfte Urheber oder ist es der Veranstalter? Wenn wir an die weitere technische Entwicklung denken und hierbei berücksichtigen, daß eines Tages derartige Sendungen auch auf Band zu haben sein werden, lautet die Frage: Ist der Hersteller der Urheber dieser Bänder? Einstweilen haben wir es noch mit dem Veranstalter zu tun. Wenngleich Runges Vorschlag nicht geeignet erscheint, die Probleme befriedigend zu lösen, ist er doch ein wertvoller Beitrag zum Erkennen neuer Schöpfungsmöglichkeiten mit Hilfe technischer Mittel.

1. Der Film erfüllt alle Voraussetzungen für die dargelegte Terminologie eines Gesamtwerkes, so daß man ihn in diese neue Kunstkategorie einordnen kann. Er stellt eine unlösliche Verbindung von Werkbeiträgen und künstlerischen Leistungen dar, die durch filmeigene Ausdrucksmittel eine neue Form erhält [83]). Diese Werkform ist auf einem Materialträger fixiert, aber als solche nicht erkennbar. Ein Film kann nur durch Wiedergabegeräte wahrgenommen werden. Das Gesamtwerk ist eine eigentümliche geistige Schöpfung und damit ein selbständiges, verkehrsfähiges Schutzgut, ebenso wie ein Einzelwerk. Von bestimmten, durch die Eigenart des Filmwerkschaffens bedingten Abweichungen abgesehen, können bisher anerkannte Grundsätze des Urheberrechts auch auf das Gesamtwerk angewendet werden.

Unbegreiflicherweise sehen *Berthold-Hartlieb* aaO. S. 97 ff. in dem Vorschlag, das urheberrechtliche Werkschaffen weiterzuentwickeln, eine r e c h t s p o l i t i s c h e Forderung. Sie haben nicht erkannt, daß die Technik dem Werkschaffen schöpferischer Kräfte neue Gestaltungsmöglichkeiten erlaubt, die die Rechtswissenschaft bisher nur im Film, nicht aber im Rundfunk und Fernsehen festgestellt hatte. Allen drei Medien ist gemeinsam, daß die artbezogenen Werke nur durch Bildwand (Bildschirm) und / oder Lautsprecher

[83]) R u n g e , GRUR 1956, 407 bemerkt dazu: „Das Gesamtwerk zerfällt in eine Unzahl von Einzelbeiträgen, die irgendwie im Endergebnis ihren Niederschlag finden."

wahrgenommen werden können. Bildwand und Lautsprecher sind nicht nur Mittel der Wiedergabe bezw. Formen der Verbreitung, wie es bei Vorträgen und Musikaufführungen der Fall ist. Bei eigens für Film, Funk und Fernsehen gestalteten Original-Stoffen entstehen vielmehr durch arteigene Ausdrucks- und Formgebungsmittel Originalwerke, die nur durch die Bildwand und / oder den Lautsprecher wahrgenommen werden und nur auf diesem Wege die beabsichtigte schöpferische Aussage herbeiführen können. Dies trifft in gleicher Weise auch für Funkbearbeitungen vorbestehender Werke, wie Romane, Bühnenstücke usw., zu. Wenn bei der rechtlichen Betrachtung dieser neuen Schöpfungsmöglichkeiten der Werkcharakter dieser drei gleichen Werkformen untersucht und der Hersteller derartiger Gesamtwerke als Gesamturheber vorgeschlagen wird, so handelt es sich nicht um eine rechtspolitische, sondern rechtslogische Forderung, der die bisherige Lehre und Rechtsprechung nicht gerecht geworden ist. Daß hier der Hersteller derartiger Gesamtwerke als Gesamturheber vorgeschlagen wird, ist eine rechtssystematische Entwicklung für neue Schaffensformen. Hier handelt es sich nicht nur um einen Akt der Wiedergabe und Verbreitung, sondern um eine Vorführung (Aufführung), die das Werk erst wirksam werden läßt. Diese Vorführung mit Hilfe technischer Mittel ist also nichts anderes als die Erfüllung des mit dem Werk beabsichtigten Zweckes und insoweit durchaus vergleichbar dem Notenwerk und seiner Musikaufführung im Konzertsaal. In allen diesen Fällen ist das Werk vor der Aufführung oder Vorführung zwar vollendet, aber nicht allgemein wahrnehmbar.

Die weitgehende Übereinstimmung der Schöpfungsmerkmale bei Film-, Fernseh- und Hörwerken rechtfertigt ihre Zusammenfassung in einer neuen Kunstgattung unter dem Begriff „Gesamtwerke". Der Ausdruck läßt den Unterschied zwischen dem Einzelwerk einerseits und dem Werkbeitrag andererseits deutlich werden. Man kann daraus auch auf eine Mehrheit von Beiträgen und von schöpferisch tätigen Personen schließen. Die Begriffsbestimmung bildet auch ein ausreichendes Unterscheidungsmerkmal zum Sammelwerk. Der Ausdruck „Gesamtwerk" wird im urheberrechtlichen Schrifttum häufiger gebraucht, ohne indessen zu einem Rechtsbegriff geworden zu sein [84]). Wir finden ihn vielfach auch im Filmschrifttum selbst, wo

---

[84]) v. Boehmer-Reitz, aaO., 115, 127, 128; Lehnich Ufita Bd. 10 (1937) S. 12; Elster Ufita Bd. 2 (1929) S. 260, Kom. 3. Aufl., S. 76; Kleine, aaO., 4. Aufl., S. 49, 54, 57; Runge, aaO., S. 52, 273; GRUR 1956, 409; Hoffmann JW 1929, 1181, Entw. 33, S. 32 ff.; JW 1936, 1501; de Boor ZAKdR 1935, 830; Roeber ebenda S. 832, Ufita Bd. 22 (1956) S. 6, 7, 18, 22, 41; Pfennig ZAKdR 1935, 826; Schlechtriem NJW 1949, 775; Streicher, aaO., S. 151, 178/79; Benkard GRUR 1955, 162; Werhahn GRUR 1954, 16, 21; GRUR 1956, 49, 51; Pintsch, aaO., S. 22 f.; OLG Frankfurt in Ufita Bd. 22 (1956) S. 117, 119; Berthold-Hartlieb, aaO., S. 33; v. Gamm, aaO., S. 14 ff.

mehrfach vom „Gesamtkunstwerk“ gesprochen wird. Für das Urheberrecht genügt jedoch die Kennzeichnung im „Gesamtwerk“. Es kommt allein darauf an, ihm den richtigen Inhalt zu geben.

2. Wenn man nun die so heftig umstrittene Frage der Filmurheberschaft für das Gesamtwerk prüft, so läßt sich auch hier eine befriedigende Lösung finden, sofern man sich zu einer Weiterentwicklung des Urheberrechts entschließt [85]). Zum „Gesamtwerk“ gehört der „Gesamturheber“. Mit dieser Bezeichnung lassen sich auch bisherige Rechtsbegriffe verbinden, soweit die Eigenart des Filmwerkschaffens dem nicht entgegensteht. Der Ausdruck „Gesamturheber“ deutet schon auf Gegensatz und Unterschied zum Alleinurheber hin. Gesamturheber eines Filmwerkes ist der Hersteller, in dessen Hand es entsteht. Er nimmt durch Wahl und Auswahl des Stoffes, der Beitragsurheber, der künstlerischen Mitarbeiter und durch Bestimmung der Ausdrucks- und Formgebungsmittel an der Formgebung teil. Damit leistet auch er einen schöpferischen Beitrag ebenso wie die übrigen Filmschaffenden. Darüber hinaus schafft er die wirtschaftlichen und organisatorischen Voraussetzungen für die Herstellung des Gesamtwerkes. Es sind dies Funktionen, die schon beim geltenden Recht als für das originäre Urheberrecht des Herstellers als verwendbar angesehen werden können, wenn man die Tätigkeit des Urhebers eines Sammelwerkes damit vergleicht [86]). Das Filmwerk entsteht unter dem Namen des Herstellers und wird auch unter seinem Namen vorgeführt. Nicht nur einzelne Beitragsurheber und künstlerische Kräfte, sondern auch der Hersteller stehen im Mittelpunkt der Kunstkritik. Der Hersteller ist also maßgeblich an der Gestaltung und Formgebung beteiligt. Er trägt zudem das alleinige Risiko des Filmwerkes, das wohl nur in Ausnahmefällen um seiner Selbst willen geschaffen wird. Ohne Initiative des Herstellers entstehen keine Werkbeiträge und kein Gesamtwerk. Er trägt letzten Endes die gesamte Verantwortung für das Kunstwerk. Ihm gebührt daher auch die Bezeichnung „Gesamturheber“ mit allen sich aus dem Gesamtwerk ergebenden Rechten.

Das Gesamturheberrecht kann auch unbedenklich einer juristischen Person zugestanden werden. Da der Schöpfungsvorgang ohnehin über die Möglichkeiten eines Alleinschöpfers hinausgeht, und Gesamtwerke nur unter Einsatz erheblicher wirtschaftlicher und technischer Mittel durch Mitwirkung einer Personenmehrheit entstehen können, entfallen alle Einwände gegen das Gesamturheber-

---

85) Ebenso: Roeber, Ufita Bd. 22 (1956) S. 38. Dieser Ansicht ist jetzt auch Runge GRUR 1956, 407: „Die Entwicklung zeigt deutlich, daß mit dem alten Urheberrechtsdenken nicht mehr auszukommen ist.“

86) Hierauf weist auch Schramm hin Ufita Bd. 19 (1955) S. 99. Vgl. auch Haeger, Ufita Bd. 22 (1956) S. 65.

recht juristischer Personen, um so mehr, als ja nicht das fiktive Rechtsgebilde, sondern die in seinem Rahmen wirkenden natürlichen Personen das Gesamtwerk schaffen. Das Prinzip der Schaffenswahrheit wird nicht verletzt und kann weiter auf den Alleinurheber, aber auch auf den Gesamturheber angewendet werden, wenn die Beitragsurheber im Vorspann des Filmes genannt werden. Daß man auch juristischen Personen ein begrenztes Urheberpersönlichkeitsrecht zugestehen muß, hebt *Hubmann* [87]) mit Recht hervor.

Abgesehen davon, daß auch das geltende deutsche Recht das Urheberrecht juristischer Personen kennt und die Rechtsprechung das Urheberrecht des Filmherstellers anerkannt hat, findet sich diese Form der Urheberschaft auch im Urheberrecht des Auslandes. Eine Übersicht über die Behandlung des Filmes und der Filmurheberschaft in den Ländern der Berner Konvention findet sich bei *Hoffmann:* Die Berner Übereinkunft zum Schutze von Werken der Literatur und Kunst [87a]), *Werhahn* (Ufita Bd. 18 [1954], S. 173 ff.) und *Roeber* (Ufita Bd. 22 [1956], S. 26 ff.), so daß hier auf eine Wiederholung verzichtet werden kann. Das neue französische Urheberrechtsgesetz vom 11. März 1957 (Ufita Bd. 24 [1957], S. 93 ff.) erkennt in Übereinstimmung mit dem vorausgegangenen Gesetzesentwurf (Ufita Bd. 20 [1955] S. 87) für das Sammelwerk auch die Urheberschaft juristischer Personen an. Die dort gegebene Definition ist auch gerade für das Gesamtwerk so bemerkenswert, daß sie hier im Wortlaut wiedergegeben werden soll (Art. 9 Abs. 3):

> Sammelwerk (l'œuvre collective) nennt man ein Werk, das geschaffen ist durch die Initiative einer natürlichen oder juristischen Person („d'une personne physique ou morale"), die es unter ihrer Aufsicht und ihren Namen herausgibt, veröffentlicht und verbreitet, und in dem die Einzelbeiträge der an der Ausarbeitung beteiligten Autoren in dem Ganzen aufgehen, dessentwegen es abgefaßt wurde, ohne daß es möglich wäre, jedem von ihnen ein vom verwirklichten Ganzen getrenntes Recht zuzubilligen.

Inhaltlich decken sich die Begriffe „Sammelwerk" im französischen und im deutschen Entwurf 54 § 3 nicht. Nach deutscher Auffassung bleiben die Beiträge selbständig, während das neue französische Gesetz die „Einzelbeiträge" in dem Ganzen aufgehen läßt, ohne daß es möglich wäre, jedem (Autor) von ihnen ein vom verwirklichten Ganzen getrenntes Recht zuzubilligen". Das französische Gesetz deckt sich weitgehend mit der hier für das Gesamtwerk vorgeschlagenen Charakterisierung: die Einzelbeiträge gehen

87) H u b m a n n , Heinrich, Das Persönlichkeitsrecht. Münster-Köln, 1953, S. 244 f.
87a) Berlin 1935. S. 49, 220 ff. (z. Tl. überholt).

in dem Gesamtwerk auf, ohne daß man ihnen ein getrenntes Recht am Gesamtwerk zugestehen kann. Wenngleich das französische Gesetz den Film nicht zu den Sammelwerken rechnet und ihm eine Sonderregelung angedeihen läßt (Art. 14 ff. auf der Grundlage der „collaboration"), so mag die Ähnlichkeit der Begriffe und die Anerkennung der juristischen Person als Herausgeber hervorgehoben werden.

3. Das Verhältnis Gesamturheber — Beitragsurheber wäre dahin zu regeln, daß der Gesamturheber die Verwendungsrechte an den Beiträgen in aller Form durch schriftlichen Vertrag zu erwerben hat. Ob das Entgelt in einem Pauschalbetrag oder in einer Beteiligung an den Einzelergebnissen oder in einer Kombination von beiden zu gewähren ist, kann der Vereinbarung überlassen bleiben. Hierbei wird auch zu berücksichtigen sein, ob es sich um einen Originalstoff, um eine Originalmusik oder um Bearbeitung von bestehenden Werken handelt, die in der Regel im Auftrag des Gesamturhebers erfolgen. Der Gesamturheber erwirbt mit dem Eigentum an den Manuskripten, dem Notenwerk, Bildvorlagen, Zeichnungen, Texten, Entwürfen usw. das Recht, diese schöpferischen Leistungen im Filmwerk zu verwenden, sie zu bearbeiten, zu ändern und damit der Formgebung anzupassen. Wenn auch der Beitragsurheber in vielen Fällen diese Änderungen selbst vornehmen wird, muß der Gesamturheber diese Rechte doch haben, um im Falle der Behinderung des Beitragsurhebers das Gesamtwerk erstellen zu können. Dem Beitragsurheber soll aber das Recht vorbehalten bleiben, den Beitrag anderweitig zu verwenden, wenn der Gesamturheber ihn nicht innerhalb einer angemessenen Frist (5 Jahre) zum Gesamtwerk verwendet. Für Originalstoffe und Originalmusik muß man dem Beitragsurheber die Möglichkeit geben, diese in anderer Form erneut zu bearbeiten und zu verwerten, ohne daß hierdurch die Herstellung und Verwertung des Filmwerkes beeinträchtigt werden darf. Die Verwendung des gleichen Beitrags in einem anderen Film kann allerdings nicht gestattet werden. Der Hersteller soll also als Gesamturheber nicht mehr Rechte haben als er für die Werkschöpfung und uneingeschränkte Verwertung benötigt, aber auch nicht weniger [88]).

Der gleiche Grundsatz muß andererseits auch für den Beitragsurheber gelten. Er erbringt — in der Regel in fremdem Auftrag — schöpferische Leistungen für einen bestimmten Zweck in zweckgebundener Form. Der Verwendungszweck ist die Gestaltung eines Filmwerkes. Wenn der Beitragsurheber diesen Bestimmungszweck

---

88) Ebenso auch Roeber Ufita Bd. 22 (1956) S. 21 für den Hersteller.

seines Beitrages kennt und diese Änderungen in Kauf nimmt, so würde es gegen Treu und Glauben verstoßen, wenn er sich auf das unveräußerliche und unverzichtbare droit moral berufen und dadurch die Gestaltung und Verwertung des Gesamtwerkes verhindern würde. Diese für die persönlichkeitsrechtlichen Befugnisse bedeutsame Forderung ist für das geltende Recht §§ 9 Abs. 2 LUG und 12 Abs. 2 KUG verankert. Ihr wird, worauf auch v. Metzler hinweist (GRUR 1952, 18), auch bei der Neugestaltung des Persönlichkeitsrechts der Beitragsurheber besondere Bedeutung zukommen [89]).

Die Eigenart des Gesamtwerkschaffens macht es also unerläßlich, die für das Werk des Alleinurhebers entwickelten Grundsätze des Persönlichkeitsrechts einer Revision zu unterziehen. Der Beitragsurheber muß auf Teile seines Urheberpersönlichkeitsrechts verzichten und sie übertragen können. Wenn er mit diesen durch die Formgebung bedingten Änderungen nicht einverstanden sein kann, muß er auf die Mitwirkung verzichten. Die Praxis des Filmwerkschaffens beweist, daß die Beitragsurheber dieser Forderung Rechnung tragen. Wenn dem so ist, sollten auch urheberrechtlich nicht höhere Forderungen gestellt werden als das tägliche Leben sie will. Insofern bedarf auch der Grundsatz des droit moral einer Abwandlung für das Gesamtwerkschaffen, das letztlich in der Nennung des Beitragsurhebers gipfelt [90]).

Zur Wahrung dieses beschränkten Urheberpersönlichkeitsrechts sollte der Hersteller den Beitragsurhebern Gelegenheit geben, das Filmwerk vor der Veröffentlichung zu sehen, um feststellen zu können, ob der Beitragsurheber im Vorspann des Films genannt sein will, oder ob er auf seine Namensnennung verzichtet. Es müßte also praktisch eine Abnahmevorführung stattfinden, in der jeder Beitragsurheber seine Entscheidung bekanntgibt. Wer als Beitragsurheber selbst an der Formgebung mitgewirkt hat, wie z. B. der Regisseur, Kameramann und Cutter, und in der Regel auch der Komponist, und — soweit der Drehbuchautor daran mitwirkt, auch dieser — kann nicht das Recht für sich in Anspruch nehmen, persönlichkeitsrechtliche Bedenken in einer solchen Abnahme geltend zu machen. Einwände schöpferischer oder künstlerischer Art dieses Personenkreises können zu einem so späten Zeitpunkt nicht mehr

---

89) Im Ergebnis ebenso: Ulmer GRUR 1952, 12; Werhahn GRUR 1954, 22.

90) Für eine Beschränkung des Urheberpersönlichkeitsrechts sprechen sich auch aus: Bußmann GRUR 1953, 431; ebenso Entw. 54 Begr. S. 221, der jedoch für das droit moral des Regisseurs zu weit geht. Leinveber GRUR 1956, 205; Runge GRUR 1956, 407. Ueber die notwendige Abgrenzung der allgemeinen und besonderen Persönlichkeitsrechte siehe Neumann-Duesberg NJW 1957, S. 1341.

gehört werden, da er selbst an der Formgebung beteiligt war und etwaige Bedenken in dieser Zeit hätte erheben können. Abwegig ist es daher auch, wenn der Entwurf 54 dem Filmregisseur ein so weitgehendes Verbotsrecht einräumt [91]).

4. Mit der Bildung des Begriffs Gesamtwerk und Gesamturheber bleibt man im System des Urheberrechts, so daß die für das Werk und den Alleinurheber gefundenen Grundsätze und Normen weitgehend auch auf die neuen Begriffe angewendet werden können, soweit sie dem nicht entgegenstehen. Das Gesamtwerk ist ein echtes Werk und genießt vollen Werkschutz im Sinne von § 1 des Entw. 54. Die Vorschriften des Verwertungsrechts (§§ 10 bis 14 des Entw.) können in vollem Umfange auf das Gesamtwerk angewendet werden. Allerdings darf das Gesamtwerk als solches nicht anderweitig bearbeitet oder umgestaltet werden (§§ 15, 16 Entw.), da dies dem Charakter des Gesamtwerkes, das eine unbestimmte Anzahl von Werkbeiträgen enthalten kann, widersprechen würde. Dies verbietet auch schon die allgemein anerkannte Lehre von der Zweckübertragung, wonach sich der Umfang der übertragenen urheberrechtlichen Befugnisse nach dem Zweck bestimmt, der mit dem Vertrag angestrebt wird (BGH vom 21. 4. 53, GRUR 1953, 301). *v. Boehmer-Reitz* bemerken hierzu aaO. S. 127: „Nach dem Zweck des Vertrages steht von vornherein fest, daß die Leistungen der Autoren einen unselbständigen Teil des Gesamtwerkes Film darstellen sollen."

Allerdings muß dem Gesamturheber in diesem Rahmen gestattet sein, das Gesamtwerk als Ganzes zu übersetzen und in Bild und Ton umgestalten zu lassen. Dies ist im Rahmen des internationalen Filmaustausches nicht nur aus wirtschaftlichen, sondern auch aus kulturpolitischen Gesichtspunkten unerläßlich. Insoweit müssen also Änderungen am Werk gestattet werden. Im übrigen steht nichts im Wege, die sonstigen Rechte des Urhebers (§§ 17 bis 19 Entw.) auf den Gesamturheber anzuwenden.

Im Rechtsverkehr muß das Gesamtwerk auch eine besondere Stellung einnehmen. Im Gegensatz zum Einzelwerk soll das Gesamturheberrecht mit den bereits genannten Beschränkungen vererblich und übertragbar sein. Die Vererblichkeit muß miteinbezogen werden, weil der Gesamturheber auch Alleinurheber sein kann, so z. B. der Hersteller von Kulturfilmen [92]).

Die Bestimmungen über das Nutzungsrecht (Entw. 54 §§ 24 bis 29) sind auch auf das Gesamtwerk anwendbar. Das Rückrufsrecht des Urhebers wegen Nichtausübung eines Nutzungsrechts muß auch für

---

91) Ebenso auch Pfennig, Ufita Bd. 19 (1955) S. 186.
92) Haeger, Ufita Bd. 22 (1956) S. 66.

den Gesamturheber gelten (Entw. § 33), dagegen kann man ihm nicht das Rückrufsrecht wegen gewandelter Überzeugung zugestehen (§ 34). Die Vorschriften über den Eigentumserwerb am Original können hinsichtlich der Originale (Negative in Bild und Ton, Tonbänder usw.) auch für das Gesamtwerk gelten (§§ 36, 37). Wenn die Filmwerke als Werke einer besonderen Kunstgattung anzuerkennen sind, muß der Gesamturheber sich auch Einschränkungen des Verwertungsrechts zugunsten von Sammlungen für den Schul- oder Unterrichtsgebrauch gefallen lassen (§ 40). Der Film ist heute in aller Welt ein Unterrichtsmittel, und auch die Schule kann an der neuen Kunstgattung Film nicht mehr vorbeigehen[93]).

Wie weit man bei Gesamtwerken sonstige Einschränkungen der Verwertungsrechte anerkennen will, wird von den besonderen Umständen der neuen Kunstgattung abhängen. Jedenfalls wird man es auch für zulässig erachten müssen, daß auch Zitate aus Filmwerken in anderen Filmwerken verwendet werden, jedoch unter entsprechenden Quellenangaben. Daß dies filmtechnisch möglich ist, beweist die Praxis im In- und Ausland, die schon mehrfach Filmteile unter künstlerischen und gestaltungsmäßigen Gesichtspunkten zu einem neuen Film zusammengestellt hat.

Es bestehen keine Bedenken, die Erkenntnisse über das Gesamtwerk, dessen Betrachtung hier der Spielfilm zugrunde gelegt wurde, auf alle anderen Filmkategorien zu übertragen. Voraussetzung ist allerdings, daß es sich hierbei um Filme handelt, die nach den Gesetzen der Filmkunst gestaltet sind. Das wird bei allen Kultur- und Dokumentarfilmen, Lehr- und Unterrichtsfilmen, Forschungs- und wissenschaftlichen Filmen sowie Trick- und Werbefilmen der Fall sein, sofern sie filmische Ausdrucks- und Gestaltungsmittel anwenden. Auch den Film-Wochenschauen wird man den Gesamtwerkscharakter nicht absprechen können, da sie in Bild und Ton mit filmischen Mitteln gestaltet sind, ja sogar die einzelne story der Wochenschau kann ein Gesamtwerk sein, soweit sie entsprechend gestaltet ist. Ebenso kann man dem Amateurfilm Gesamtwerkscharakter zuerkennen. Das Wesen des Films als Werk einer besonderen Kunstgattung bleibt bei den Filmen aller Kategorien gewahrt, da sie sich aus einer mehr oder weniger großen Anzahl von Werkbeiträgen und schöpferischen Leistungen zusammensetzen. Wenn zwei oder mehrere Werkbeiträge aus verschiedenen Kunstgattungen von einem Autor erbracht werden oder alle Beiträge von einem Autor

---

93) Im einzelnen wird hierzu verwiesen auf: Haeger, Rechtsfragen zum Entlehnungsrecht für den Schul- oder Unterrichtsgebrauch, Ufita Bd. 19 (1955) S. 207 ff.

stammen, wird die Anzahl der Beitragsurheber geringer, aber das Filmwerk bleibt ein aus verschiedenen Kunstgattungen zusammengesetztes Gesamtwerk mit allen sich daraus ergebenden Merkmalen und Rechten.

Wenn bei der Urheberrechtsreform Werke mit Beiträgen mehrerer Urheber unter der Gattung Gesamtwerke anerkannt werden, besteht kein Anlaß mehr, die Bestimmungen über Filmwerke in einem besonderen Teilabschnitt zusammenzufassen. Für diesen Fall kann in dem Entwurf 54 in § 1 Abs. 2 Ziff. 4 der Begriff Gesamtwerke eingeführt werden, der für Filmwerke, Fernsehwerke und Hörwerke gleichermaßen zutrifft. Die Sonderregelung für diese neue Werkgattung kann sowohl für das Gesamtwerk und für Werkbeiträge als auch für Gesamturheber und Beitragsurheber bei den einzelnen Paragraphen erfolgen.

Mit der Anerkennung von Gesamtwerken bleibt das deutsche Urheberrecht auch im Rahmen der Berner Konvention. Filmwerke werden als schutzfähige Werke i. S. von Art. 2 anerkannt und als Originalwerke gemäß Art. 14 Ziff. 2 geschützt. Der Gesamturheber muß, wie Art. 14 Ziff. 1 vorsieht, die Bearbeitungs-, Wiedergabe- und Aufführungsrechte von den Beitragsurhebern erwerben. Auch die Bestimmungen der Ziff. 3 sind erfüllt, da die Adaptation von Filmwerken als Ganzes der Zustimmung des Gesamturhebers bedarf, und die Beitragsurheber zustimmen müssen, wenn das Gesamtwerk in irgendeine andere künstlerische Form umgesetzt werden soll. Insoweit können also Bedenken gegen die Behandlung der Filmwerke als Gesamtwerke nicht erhoben werden.

Der Gesetzgeber steht nunmehr vor der Entscheidung, wie er die bisher offenen Fragen des Filmurheberrechts lösen will. Fast zwei Menschenalter hindurch sind die Probleme nach allen Seiten hin durchleuchtet worden, ohne daß eine allseits befriedigende Lösung gefunden wurde. Sie konnte nicht gefunden werden, da Lehre und Rechtsprechung den Film überwiegend mit den Wertmaßstäben der klassischen Kunstgattungen gemessen und nicht erkannt haben, daß hier eine neue Kunstform entstanden ist, der mit den bisher anerkannten Begriffen nicht mehr beizukommen war. Neben die Singularschöpfung ist die Pluralschöpfung getreten. Dem Werk eines einzelnen steht das Werk einer Mehrheit gegenüber, die die Mittel der Technik zu Hilfe nimmt, um ihre Aussage zu formen. Dieser Entwicklung unseres Zeitalters gilt es Rechnung zu tragen, wenn man uns nicht nachsagen lassen will, wir hätten die Zeichen der Zeit nicht erkannt und wären an der Wirklichkeit vorbeigegangen.

Literaturverzeichnis

Filmschrifttum

Arnheim, Rudolf	Film als Kunst	Berlin 1932
Bagier, Guido	Der kommende Film	Stuttgart-Berlin 1928
Balács, Béla	Der Film — Werden und Wesen einer neuen Kunst	Wien 1949
Beyfuß-Kossowski	Das Kulturfilmbuch	Berlin 1924
Böhmler, Heinz	Das Gesicht des Films in: Film — Bild — Ton	Seebruck 1952
Clair, René	Vom stummen Film zum Tonfilm	München 1952
Cocteau, Jean	Gespräche über den Film	Eßlingen 1953
Eisler, Hanns	Komposition für den Film	Berlin 1949
Eisner, Lotte H.	Dämonische Leinwand	Wiesbaden 1955
Fraenkel, Heinrich	Unsterblicher Film	München 1956
Gregor, Joseph	Das Zeitalter des Films	Wien-Leipzig 1932
Groll, Gunther	Film, die unentdeckte Kunst	München 1937
Gutbrod, Curt Hanno	Von der Filmidee zum Drehbuch in: Das Manuskript	München 1954
Hagemann, Walter	Der Film, Wesen und Gestalt	Heidelberg 1952
Hagemann, Walter	Filmstudien I, II	Emsdetten 1952
Iros, Ernst	Wesen und Dramaturgie des Films	Zürich 1938
Kalbus, Oskar	Der deutsche Lehrfilm in der Wissenschaft und im Unterricht	Berlin 1922
Kalbus, Oskar	Vom Werden deutscher Filmkunst	Altona-Bahrenfeld 1935
Karsten, Detlof	Die Sprache des Films	Seebruck 1954
Kleiner-Lautenegger	Film, dramaturgisch, gesellschaftlich, historisch	Zürich 1953
Koch, Heinrich	Von deutscher Filmkunst	Berlin 1943
Kutscher, Arthur	Stilkunde des Theaters	München 1936
Meyerhoff, Horst	Tonfilm und Wirklichkeit	Berlin 1949
Moholy-Nagy	Malerei — Photographie — Film	München 1925
Müller, Gottfried	Dramaturgie des Theaters und des Films	Würzburg 1944
Oertel, Rudolf	Filmspiegel	Wien 1941
Panofsky, Walter	Die Geburt des Films	Würzburg 1944
Pauck, Heinz	Zur Lage der deutschen Filmautoren in: Internationale Filmrevue	Trier 1951
Reinert, Charles	Kleines Filmlexikon	Zürich 1946
Schmidt-Schmalenbach-Bächlin	Film, wirtschaftlich — gesellschaftlich — künstlerisch	Basel 1947
Schnurre, Wolfdietrich	Rettung des deutschen Films	Stuttgart 1950
Stepun, Fedor	Theater und Film	München 1953
Stindt, Georg Otto	Das Lichtspiel als Kunstform	Bremerhaven 1924
Stückrath, Fritz	Der Film als Erziehungsmacht	Hamburg 1953
Traub-Lavies	Das deutsche Filmschrifttum	Leipzig 1940

Wölker, Herbert	Das Problem der Filmwirkung	Bonn 1955
Wolf-Czapek	Die Kinematographie	Dresden 1908
Wolf-Käutner-Claren-Obrascow-Balács	Von der Filmidee zum Drehbuch	Berlin 1949
v. Zglinicki, Friedr.	Der Weg des Films	Berlin 1956

Rechtsschrifttum

Allfeld, Philipp	Das Urheberrecht an Werken der Literatur und Tonkunst	München 1928
Baum, Alfred	Zur Neuregelung des Filmrechts	GRUR 1952, 480
Benkard, Georg	Bearbeitung, Verfilmung und Wiedergabe im Urheberrecht	GRUR 1955, 161
Berthold, von Hartlieb	Filmrecht	München-Berlin 1957
v. Boehmer-Reitz	Der Film in Wirtschaft und Recht	Berlin 1933
de Boor	Zur Reform des Filmrechts	ZAKdR 1935, 830
Bull	Werk oder Ware	ZAKdR 1935, 837
Burkhardt, Karl	Das Filmurheberrecht im Referentenentwurf zur Urheberrechtsreform	Ufita Bd. 19, 162
Bußmann, Kurt	Probleme der Urheberrechtsreform	GRUR 1953, 427
Caro	Die Welt des Urheberrechts und das Tonfilmproblem	Ufita Bd. 4, 105
Elster, Alexander	Tonbild und Bildfunk	Ufita Bd. 2, 255
Elster, Alexander	Formgebung und Ausdrucksmittel in ihrer Bedeutung für das Recht des Urhebers	Ufita Bd. 2, 595
v. Erffa	Aufgaben der Urheberrechtsreform	JR 1951, 310
Friedemann, Hellm.	Grundfragen des Filmrechts	Ufita Bd. 1, 541
Friedländer, Kurt	Zur Behandlung von Spielfilmen im Bewertungsrecht	Steuer u. Wirtschaft 1955, 338
v. Gamm, Otto-Friedrich	Grundfragen des Filmrechts	Berlin-Köln 1957
Goldbaum, Wenzel	Urheber- und Urhebervertragsrecht	Berlin 1927
Haeger, Siegfried	Rechtsfragen zum Entlehnungsrecht für den Schul- oder Unterrichtsgebrauch	Ufita Bd. 19, 207
Haeger, Siegfried	Gedanken zur Entwicklung eines Gesamturheberrechts für Filmwerke — Fernsehwerke — Hörwerke	Ufita Bd. 22, 55
Haensel, Carl	Leistungsschutz oder Normalvertrag	Hamburg 1954
Hoffmann, Willy	Ein deutsches Urheberrechtsgesetz	Berlin 1933
Hoffmann, Willy	Gedanken zum Urheberrecht am Tonfilm	JW 1936, 1501
Hoffmann, Willy	Die Berner Übereinkunft zum Schutz von Werken der Literatur und Kunst	Berlin 1935
Hoffmann, Willy	Bildfunk, Tonfilm und Tonbild	JW 1929, 1179
Hoffmann, Willy	Urhebergesetze des Auslandes	Berlin 1939
Hubmann, Heinrich	Das Recht des schöpferischen Geistes	Berlin 1954
Hubmann, Heinrich	Das Persönlichkeitsrecht	Münster-Köln 1953

Joseph, Otto und Riedel, Hermann	Gedanken zur Reform des Filmurheberrechts	GRUR 1955, 171
Kleine, Heinz	Probleme der Urheberrechtsreform	Börsenblatt f. d. Deutschen Buchhandel Frankfurt 1955, 369
Kopsch, Julius	Filmwerk und Filmschöpfer	GRUR 1937, 331
Koch, Justus	Das originäre Urheberrecht des Filmherstellers	Ufita Bd. 7, 259
Lehnich, Oswald	Erster Bericht über die Arbeiten des Filmrechtsausschusses	Ufita Bd. 10, 1
Leinveber, Gerhard	Filmisches Urheberrecht	GRUR 1955, 194
Leinveber, Gerhard	Der Schutz des Urheberpersönlichkeitsrechts	GRUR 1955, 203
Marwitz-Möhring	Das Urheberrecht an Werken der Literatur und der Tonkunst	Berlin 1929
v. Metzler, Wolfram	Die urheberrechtliche Stellung des Filmunternehmers nach geltendem Recht und den Entwürfen zum neuen deutschen Urheberrechtsgesetz	GRUR 1952, 13
Neumann-Duesberg, Horst	Abgrenzbarkeit des allgemeinen Persönlichkeitsrechts und sein Schutz nach § 823 Abs. 1 BGB	NJW 1957, 1341
Pintsch, Horst	Das Urheberrecht am Tonfilm	Leipzig 1938
Pfennig, Bruno	Film und Urheberrechtsreform	ZAKdR 1935, 826
Pfennig, Bruno	Zur Rechtsstellung des Filmherstellers nach dem Referentenentwurf	Ufita Bd. 19, 178
Referentenentwürfe	zur Urheberrechtsreform	Bonn 1954
Roeber, Georg	Filmrechtliche Grundfragen der deutschen Urheberrechtsreform	ZAKdR 1935, 832
Roeber, Georg	Urheberrecht und Leistungsschutz am Film	Ufita Bd. 18, 9
Roeber, Georg	Der Film als Aufgabe und Gegenstand der Urheberrechtsreform	Ufita Bd. 18, 283
Roeber, Georg	Die Urheberschaft am Film	Baden-Baden 1956 und Ufita Bd. 22, 1
Runge, Kurt	Urheber- und Verlagsrecht	Bonn 1948/52
Runge, Kurt	Das Gruppenwerk als Objekt urheberrechtlichen Schutzes	GRUR 1956, 407
Ruszkowski, André	Die Urheber des Filmwerkes	Ufita Bd. 9, 169
Schlechtriem, Wilh.	Das Tonfilmurteil des Schweizer Bundesgerichts	NJW 1949, 774
Schramm, Carl	Rechtssystematische Stellungnahme zum Referentenentwurf	Ufita Bd. 19, 82
Schulze, Erich	Das deutsche Urheberrecht an Werken der Tonkunst und die Entwicklung der mechanischen Musik	Berlin 1950
Schulze, Erich	Urheberrecht in der Musik und die deutsche Urheberrechtsgesellschaft	Berlin 1956
Streicher, Otto	Grundfragen des Urheberrechts am Filmwerk	Zürich 1950

Sutermeister, Peter	Das Urheberrecht am Film	Basel 1955
Troller, Alois	Das Recht am Filmwerk	Schweiz. Mitteilungen 1954, 33
Ulmer, Eugen	Urheber- und Verlagsrecht	Berlin 1951
Ulmer, Eugen	Zur Neuregelung des Filmrechts	GRUR 1952, 5
Ulmer, Eugen	Kinematographie und Urheberrecht	GRUR-AT 1953, 182
Ulmer, Eugen	Ergänzender Bericht	GRUR-AT 1954 206
Ulmer, Eugen	Zum Filmrecht des Entwurfs	GRUR 1954, 493
Ulmer, Eugen	Grundfragen des Filmrechts	GRUR 1955, 518
Voigtländer-Elster	Gesetz über das Urheberrecht 3. Auflage	Berlin 1942
Voigtländer-Elster-Kleine	Gesetz über das Urheberrecht 4. Auflage	Berlin 1952
Werhahn, Jürgen	Urheberrecht am Tonfilm	GRUR 1954, 16
Werhahn, Jürgen	Der Filmurheber im ausländischen Recht	Ufita Bd. 18, 173
Werhahn, Jürgen	Zur Rechtsstellung des Filmregisseurs	Ufita Bd. 19, 191
Werhahn, Jürgen	Streitfragen der Filmurheberschaft	Ufita Bd. 22, 43

Anhang

Die Berner Übereinkunft hat hinsichtlich der Kinematographie im Laufe von 40 Jahren folgende Änderungen erfahren:

1. Artikel 14 der RBÜ von 1908 (Berlin-Fassung)

(1) Die Urheber von Werken aus dem Bereiche der Literatur, der Wissenschaft oder der Kunst haben das ausschließliche Recht, die Wiedergabe und die öffentliche Aufführung ihrer Werke durch die Kinematographie zu gestatten.

(2) Den gleichen Schutz wie Werke der Literatur oder Kunst genießen selbständige kinematographische Erzeugnisse, sofern der Urheber durch die Anordnung des Bühnenvorganges oder die Verbindung der dargestellten Begebenheiten dem Werke die Eigenschaft eines persönlichen Originalwerkes gegeben hat.

(3) Unbeschadet der Rechte des Urhebers am Originale wird die Wiedergabe eines Werkes aus dem Bereiche der Literatur, der Wissenschaft oder der Kunst mittels der Kinematographie wie ein Originalwerk geschützt.

(4) Die vorstehenden Vorschriften finden auch Anwendung auf eine Wiedergabe oder ein Erzeugnis, die durch irgendein anderes, der Kinematographie ähnliches Verfahren zustande kommen.

2. Artikel 14 der RBÜ von 1928 (Rom-Fassung)

(1) Die Urheber von Werken der Literatur, Wissenschaft oder Kunst haben das ausschließliche Recht, die Wiedergabe, die Adaptation und die öffentliche Aufführung ihrer Werke durch die Kinematographie zu gestatten.

(2) Den gleichen Schutz wie Werke der Literatur oder Kunst genießen kinematographische Erzeugnisse, sofern der Urheber dem Werke einen eigentümlichen Charakter gegeben hat. Fehlt diese Eigenschaft, so genießt das kinematographische Erzeugnis den Schutz der Werke der Photographie.

(3) Unbeschadet der Rechte des Urhebers des wiedergegebenen oder adaptierten Werkes wird das kinematographische Werk wie ein Originalwerk geschützt.

(4) Die vorstehenden Vorschriften finden auch Anwendung auf eine Wiedergabe oder ein Erzeugnis, die durch irgendein anderes, der Kinematographie ähnliches Verfahren zustande kommen.

3. Artikel 14 der RBÜ von 1948 (Brüsseler Fassung)

(1) Die Urheber von Werken der Literatur, Wissenschaft oder Kunst haben das ausschließliche Recht, zu erlauben: 1. die Adaptation und die

Wiedergabe dieser Werke durch die Kinematographie und das Inverkehrbringen der auf solche Weise adaptierten oder wiedergegebenen Werke; 2. die öffentliche Vorführung der auf solche Weise adaptierten oder wiedergegebenen Werke.

(2) Unbeschadet der Rechte des Urhebers des adaptierten oder wiedergegebenen Werkes wird das kinematographische Werk wie ein Originalwerk geschützt.

(3) Die Adaptation von Werken der Kinematographie, die auf Werken der Literatur, Wissenschaft oder Kunst beruhen, in irgendeine andere künstlerische Form, bedarf der Erlaubnis des Urhebers des Originalwerkes, unbeschadet der Erlaubnis ihrer Urheber.

(4) Die kinematographischen Adaptationen von Werken der Literatur, Wissenschaft oder Kunst sind den in Artikel 13 Abs. 2 behandelten Vorbehalten und Voraussetzungen nicht unterworfen.

(5) Die vorausgehenden Bestimmungen gelten auch für die Wiedergabe oder das Erzeugnis, die durch irgendein anderes, der Kinematographie ähnliches Verfahren erzielt wurden.

Papier | Fördert gute Waldnutzung
FSC® C083411

Kolibri 360 GmbH
Ferdinand-Jühlke-Straße 7
99095 Erfurt, Deutschland
produktsicherheit@kolibri360.de